# Letteralmente - Liberamente

Giulia Angelini
Elisabetta Fontana

# Letteralmente - Liberamente

## Deutsch-italienische Übersetzungsübungen für Fortgeschrittene

gottfried egert verlag
2006

**Letteralmente - Liberamente**

Deutsch-italienische Übersetzungsübungen für Fortgeschrittene

von
Giulia Angelini, Freie Universität Berlin
Elisabetta Fontana, Freie Universität Berlin

Bibliografische Information Der Deutschen Bibliothek
Die Deutsche Bibliothek verzeichnet diese Publikation in der Deutschen Nationalbibliografie; detaillierte bibliografische Daten sind im Internet über <http://dnb.ddb.de> abrufbar.

ISBN 3-926972-91-2 2., korr. Auflage 2006
(ISBN 3-926972-91-2 Erstausgabe) 2002


www.egertverlag.de
Gedruckt mit Ökofarben und 50% Altpapier chlorfrei gebleicht.

Herstellung: WM-Druck, Wiesloch
Printed in Germany

## INDICE

# INTRODUZIONE

Il presente manuale, nato dalla nostra esperienza di docenti in corsi di traduzione tenuti alla Freie Universität di Berlino, è pensato per madrelingua tedeschi che abbiano una buona conoscenza di base dell'italiano. Il libro è concepito come manuale da adottare sotto la guida di un docente in corsi di traduzioni, anche in preparazione di esami in sede universitaria o in altre istituzioni, o in corsi di lingua che ricorrono alla traduzione come supporto grammaticale. Grazie alle traduzioni modello e alle chiavi degli esercizi esso si presta anche ad essere usato come strumento di lavoro per chi voglia perfezionare individualmente lo studio dell'italiano.

La traduzione nella lingua d'arrivo è un esercizio utilissimo soprattutto perché fa emergere una serie di problemi grammaticali, lessicali e sintattici dovuti alle inevitabili interferenze con la lingua di partenza. Con questo materiale non ci rivolgiamo quindi a dei futuri traduttori, non intendiamo tanto insegnare tecniche di traduzione, quanto dare la possibilità di migliorare la competenza dell'italiano scritto esercitando quelle strutture lessicali e morfo-sintattiche che, partendo da un'ottica contrastiva, presentano maggiori difficoltà. La novità rispetto ad altri manuali di traduzione dal tedesco all'italiano consiste nelle esercitazioni grammaticali che integrano il lavoro di traduzione e che mettono a fuoco strutture specifiche allo scopo di un ulteriore approfondimento.

## Organizzazione del manuale

I **testi**. Abbiamo scelto 20 brani che presentino difficoltà specifiche per germanofoni che studiano l'italiano. Si tratta in prevalenza di testi letterari perché questo tipo di testo si propone più facilmente come modello linguistico e non richiede una conoscenza di campi lessicali specifici o di linguaggi settoriali. Non mancano però esempi di testi di altro tipo (biografia e articoli di giornale). I testi sono ordinati secondo un criterio di crescente complessità.

Negli **esercizi** vengono ripresi e fissati alcuni aspetti della grammatica e del lessico incontrati nella traduzione. La tipologia varia da brevi frasi da tradurre a esercizi di completamento e, in alcuni casi, a retrotraduzioni. Ci siamo concentrate su specifici aspetti grammaticali e sintattici, con particolare riguardo all'uso dei tempi e dei modi.

Le **spiegazioni** grammaticali che precedono gli esercizi si limitano allo stretto indispensabile, sulla base di osservazioni contrastive. Per spiegazioni più dettagliate si rinvia alla consultazione di una grammatica.

Anche il lessico e l'idiomatica sono stati trattati soprattutto da una prospettiva contrastiva. Oltre che in esercizi di traduzione e combinazione questo aspetto viene approfondito in **specchietti lessicali** dedicati in ogni unità ad un vocabolo particolare presente nel testo tedesco. Abbiamo scelto quei vocaboli che non hanno sempre un diretto equivalente in italiano e possono quindi essere fonte di errori.

Ogni unità si chiude con la **traduzione italiana** del testo. Nei casi in cui non sono fornite indicazioni bibliografiche, le traduzioni sono state redatte dalle autrici. Con queste traduzioni-modello gli studenti potranno confrontare la propria versione. Le traduzioni sono seguite da **note** in cui vengono proposte varianti, discusse difficoltà sintattiche e lessicali e affrontati problemi stilistici. Con le note si intende favorire l'utilizzazione del manuale nell'apprendimento autonomo.

Alle fine del libro si trovano le **chiavi** degli esercizi. Viene proposta una soluzione, quella più ovvia, a volte seguita tra parentesi da un'alternativa.

Di particolare utilità dovrebbe essere l'**indice degli argomenti** in quanto consente di trovare velocemente altri esercizi relativi a determinati temi grammaticali.

## Prima di tradurre

Ci sembra utile infine dare alcuni suggerimenti preliminari di carattere generale da tener presenti nell'affrontare un testo da tradurre.
Prima di cominciare a tradurre è importante **leggere l'intero testo**. Nella fase della lettura vanno inquadrati i seguenti aspetti:

- carattere del testo (letterario, giornalistico, saggistico; è una lettera, un monologo, un diario, ...?);
- piano/i temporale/i (rapporti di contemporaneità, anteriorità o posteriorità interni al testo; aspetto perfettivo e imperfettivo dell'azione);
- registro e stile (l'autore usa un registro familiare, medio, colto, poetico? Usa un linguaggio settoriale? A quando risale il testo? Con quale finalità e intenzione è stato scritto? Qual è il destinatario, implicito e/o esplicito del testo?).

Tutte queste considerazioni dovrebbero aiutare a trovare il 'tono', il registro giusto in italiano.

Non bisogna lasciarsi spaventare dalle difficoltà lessicali. Prima di ricorrere al vocabolario è consigliabile abbozzare mentalmente una prima versione, anche se frammentaria e individuare i punti critici, evidenziandoli nel testo. È importante abituarsi ad usare il **dizionario** monolingue in quanto è lo strumento più idoneo, più completo e, insieme al dizionario dei sinonimi, quello più utile. Nel caso delle parole sconosciute, dopo aver consultato il dizionario bilingue, è senz'altro consigliabile controllare successivamente il monolingue ed eventualmente il dizionario dei sinonimi, per verificare le diverse accezioni della parola nuova.

Per fissare le parole e le strutture nuove, incontrate facendo esercizio, ciascuno potrebbe creare un proprio **schedario**, contenente forme idiomatiche, reggenza dei verbi, eccezioni alle regole, esempi, errori ricorrenti.

Nello svolgere la traduzione non si perda di vista l'insieme del testo, i nessi e i rimandi interni al testo e alle singole frasi. Non è necessario attenersi sempre rigidamente all'originale. Se si è insoddisfatti di una traduzione letterale, si può provare a 'dirlo in un altro modo', variando, per esempio, l'ordine delle parole, o sostituendo un verbo a un sostantivo, tralasciando specificazioni non indispensabili nell'italiano che appesantirebbero la traduzione. Per esempio, la frase tedesca: “Es war alles geregelt, bis zum Ausschalten der Nachttischlampe.” si potrebbe tradurre letteralmente .. *fino allo spegnimento della lampada sul tavolino da notte,* ma sarebbe preferibile *fino a quando avrebbe spento la lampada sul comodino.*

Una volta eseguita la traduzione, non si deve trascurare il momento della **rilettura**. È importantissimo imparare ad autocorreggersi. Si suggerisce di fare delle letture 'mirate', tese a scoprire eventuali errori: sia quelli dovuti a interferenze con il tedesco, sia quelli 'individuali' dovuti a eventuali punti deboli. Si consiglia inoltre di rileggere più volte la traduzione badando ogni volta a un solo particolare problema, (per es.: l'uso dei tempi e dei modi, le preposizioni articolate, l'ortografia, le concordanze). Nel rileggere la traduzione può essere utile staccarsi dall'originale e cercare di sviluppare un 'orecchio' per l'italiano (suona bene? si dice così?).

Che tradurre in una lingua straniera sia una sfida ed un divertimento allo stesso tempo è cosa nota e ci auguriamo che anche chi userà questo libro possa fare questa esperienza.

## Strumenti di lavoro consigliati

* + CD Rom

### 1. Dizionari bilingui

Giacoma, Luisa/Kolb, Susanne, *Wörterbuch Deutsch-Italienisch, Italienisch-Deutsch*. Zanichelli/Klett, Bologna/Stuttgart 2006.

*Dizionario tedesco. Tedesco-italiano, italiano-tedesco,* Garzanti Linguistica, Milano 2004.

Sealy, Allan, *Dizionario Larousse grande Italiano-Tedesco (nuovo Sansoni),* Rizzoli Larousse, Milano 2002.*

*DIT Dizionario tedesco-italiano, italiano-tedesco,* Paravia, Torino 2002* (*Italienisch-Deutsch/Deutsch-Italienisch. Wörterbuch mit Grammatik,* Langenscheidt 2003).

*Langenscheidts Maxiwörterbuch Italienisch*, Berlin/München 2002.

*Pons Wörterbuch für Schule und Studium, Italienisch-Deutsch, Deutsch-Italienisch,* Klett, Stuttgart 2005.

*Dizionario tedesco. Tedesco-italiano, italiano-tedesco,* Boroli Editore Collins concise, Torino 2004.

Macchi, Vladimiro, *Die großen Sansoni Wörterbücher, Wörterbuch der italienischen und deutschen Sprache,* Brandstetter, Wiesbaden 2001.

Blumenthal, Peter/Rovere, Giovanni, *Wörterbuch der italienischen Verben,* Klett, Stuttgart 1998.

http://www.ponsline.com/cgi-bin/wb/wb.pl

http://europa.eu.int/eurodicautom/Controller

### 2. Dizionari monolingui

Zingarelli, Nicola, *Il nuovo Zingarelli. Vocabolario della lingua italiana*, Zanichelli, Bologna 2005.* (*Pons Großwörterbuch Italienisch,* Klett, Stuttgart 2005).

Sabatini, Francesco/Coletti, Vittorio, *D.I.S.C.*, Rizzoli Larousse, Milano 2004.*

Devoto, Giacomo/Oli, Giancarlo, *Il Dizionario della lingua italiana,* Le Monnier, Firenze 2004.*

De Mauro, Tullio, *Il dizionario della lingua italiana per il terzo millennio*, Paravia, Torino 2000.*

Palazzi, Fernando/Folena, Gianfranco, *Dizionario della lingua italiana*, Loescher, Torino, 1995.

*Dizionario analogico della lingua italiana,* Garzanti Linguistica, Milano 2002.

http://www.demauroparavia.it/

http://www.garzantilinguistica.it/

**3. Dizionari dei sinonimi e contrari**

De Mauro, Tullio, *Il dizionario dei sinonimi e contrari compatto,* Paravia, Torino 2003.

*Dizionario sinonimi e contrari,* Garzanti Linguistica, Milano 2004.*

Folena, Gianfranco, *Dizionario dei sinonimi e dei contrari della lingua italiana,* Mondadori, Milano 1997.

Gabrielli, Aldo, *Dizionario dei sinonimi e dei contrari. Analogico e nomenclatore*, Loescher, Torino 2001.*

Pittano, Giuseppe, *Sinonimi e contrari*, Zanichelli, Bologna 2001.*

**4. Grammatiche**

Reumuth, Wolfgang/Winkelmann, Otto, *Praktische Grammatik der italienischen Sprache*, gottfried egert verlag, Wilhelmsfeld [6]2001.

Serianni, Luca, *Italiano. Grammatica, sintassi, dubbi*, Garzanti, Milano 2000.

Kühnel, Helmut, *Typische Fehler Italienisch,* Langenscheidt, Berlin/ München 1993.

Esposito-Ressler, Maria Antonia, *Langenscheidts Standardgrammatik Italienisch*, Berlin 2004.

Da Forno, Iolanda/De Manzini-Himmrich, Chiara, *Große Lerngrammatik Italienisch*, Hueber, Ismaning 2002.

**5. Libri di esercitazione alla traduzione**

Arend-Schwarz, Elisabeth/Lieber, Maria, *Übersetzung Italienisch-Deutsch,* Hueber, Ismaning 1991.

Camalich, Barbara/Temperini, Maria Cristina, *Übersetzung Deutsch-Italienisch*, Hueber, Ismaning 1992.

Esposito-Ressler, Maria Antonia/Furno-Weise, Ilaria, *Arbeitsbuch Übersetzung. Deutsch-Italienisch,* Narr, Tübingen 1999.

Häußinger, Barbara, *Dall'italiano al tedesco. Aspetti grammaticali della traduzione in L2*, Unipress, Padova 2004.

Lipka, Ute, *Italiano-tedesco. Due lingue a confronto nella traduzione*, EUROMA, Roma 2003.

Pasotti, Paola/Sartirana, Luisa, *Tradurre senza tradire. Guida alla traduzione dal tedesco,* Sansoni, Firenze 1993.

## 1. Hans Magnus Enzensberger: *Der Zahlenteufel*

- Ich mache mir Sorgen, sagte Roberts Mutter. Ich weiß wirklich nicht, was mit dem Jungen los ist. Früher war er immer im Hof oder im Stadtpark und hat mit Albert, Charlie, Enzio und den andern Fußball gespielt. Und jetzt hockt er den ganzen Tag in der Stube. Statt daß er seine Schulaufgaben macht, hat er einen großen Bogen Papier vor sich ausgebreitet und malt lauter Hasen.

- Sei still, sagte Robert. Du bringst mich durcheinander. Ich muß mich konzentrieren. - Und dann murmelt er die ganze Zeit Zahlen, Zahlen, Zahlen. Das ist doch nicht normal.

Sie redete vor sich hin, als ob Robert gar nicht im Zimmer wäre.

- Früher hat er sich nie für Zahlen interessiert. Im Gegenteil, immer hat er auf seinen Lehrer geschimpft wegen der Rechenaufgaben. Geh doch endlich hinaus an die frische Luft, rief sie zuletzt.

Robert hob den Kopf vom Blatt und sagte:

- Du hast recht. Wenn ich noch weiter Hasen zähle, kriege ich Kopfweh.

Und Robert verließ das Haus. Im Stadtpark gab es eine große Wiese, auf der kein einziger Hase herumlief.

- Hallo, Robert! rief Albert, als er Robert kommen sah. Spielst du mit?

Enzio, Gerhard, Ivan und Karol waren auch da. Sie spielten Fußball, aber Robert hatte keine Lust. Die haben ja keine Ahnung, wie die Bäume wachsen, dachte er.

Als er wieder nach Hause kam, war es schon ziemlich spät. Gleich nach dem Abendessen ging Robert ins Bett.

Vorsichtshalber steckte er einen dicken Filzstift in seine Pyjama-Tasche.

Seit wann gehst du denn so früh ins Bett? wunderte sich seine Mutter. Früher wolltest du immer so lange wie möglich aufbleiben. Aber Robert wußte genau, was er wollte, und er wußte auch, warum er seiner Mutter nichts davon erzählte. Die hätte ihm ja doch nicht geglaubt, wenn er ihr erklärt hätte, daß Hasen, Bäume und sogar Muscheln rechnen können und daß er einen Zahlenteufel zum Freund hatte.



## Esercizi di approfondimento

**1.** Il brano di Enzensberger presenta molte parti di dialogo con **espressioni tipiche del linguaggio parlato**. Prima di iniziare la traduzione trovate il significato delle seguenti espressioni contenute nel testo:

a. Was **ist** mit dem Jungen **los**? (r.2) ..............................................

b. Er **hockt** in der Stube. (r.4) ..............................................

c. Er malt **lauter** Hasen. (r.6) ..............................................

d. Die haben ja **keine Ahnung**. (r.22) ..............................................

e. Du **bringst** mich **durcheinander**. (r.7) ..............................................

f. Ich **kriege** Kopfweh. (r.15) ..............................................

Quali altre espressioni con il verbo "**kriegen**" vi vengono in mente? Traducete quelle indicate qui di seguito e trovatene delle altre:

a. Nie genug kriegen ..........................................................................

b. Einen Schrecken kriegen.................................................................

c. Ein Kind kriegen..............................................................................

d. Die Erlaubnis kriegen.......................................................................

e. Den Zug gerade noch kriegen...........................................................

f. ..........................................................................................................

g. ..........................................................................................................

h. ..........................................................................................................

i. ..........................................................................................................

**2. L'imperativo.** Traducete in italiano le seguenti frasi:

a. Sei still! (r.7)...................................................................................

b. Seien Sie so nett und geben Sie ihm das Formular!

..........................................................................................................

c. Seid pünktlich! ................................................................................

d. Sag es mir! ......................................................................................

e. Gehen Sie weg! ................................................................................

f. Gib ihm zu essen! .............................................................................

g. Mach dir keine Sorgen! ....................................................................

h. Wenden Sie sich an die Sekretärin! ..........................................................

i. Geh doch endlich hinaus! (r.13) ..........................................................

j. Sag ihr, dass ich sie morgen anrufen werde.

..........................................................................................................

3. **Presenza dell'articolo.** L'italiano è caratterizzato, rispetto al tedesco, da una maggior frequenza dell'articolo determinativo: p. es. i nomi di materia (*il ferro, il carbone* ...) e i nomi astratti (*l'arte, la virtù* ...) vogliono l'articolo (ma attenzione, davanti alle preposizioni *di* o *in* di norma non c'è l'articolo: *si interessa / si occupa di informatica*, *è bravo in matematica*).
Anche nelle locuzioni avverbiali con i nomi astratti (*con pazienza / per precauzione / con cura*) si omette l'articolo.
Negli elenchi l'articolo può essere omesso, ma se due o più nomi coordinati non sono presentati come elenco, l'articolo non si omette.
Dopo l'indefinito *tutto*, se è seguito da un sostantivo, troviamo sempre l'articolo (*tutta la notte*) tranne che in alcune espressioni come: *tutte chiacchiere, in tutta sincerità.*
Completate le seguenti frasi con le forme dell'articolo determinativo, dove necessario:

a. ..... *imperatore Federico II di Prussia amava molto la musica.*

b. ..... *signor Bianchi è insegnante di ..... storia.*

c. ..... *oro è un metallo molto prezioso.*

d. *Non si è mai interessato di ... numeri.*

e. *Bisogna comprare:..... uova, ..... farina, .... latte e ..... pane.*

f. ..... *leprotti,* .....*alberi e addirittura* ..... *conchiglie sanno contare.*

g. ...... *ozio è* ..... *padre dei vizi.*

h. *Se ne sta tutto* ..... *giorno in casa.*

i. *Per* ..... *paura di perdere il treno, ha preso un taxi.*

**4. La posizione dell'aggettivo**. Di regola in italiano l'aggettivo si mette dopo il nome. Alcuni aggettivi come *grande / piccolo, bello / brutto, giovane / vecchio,* si possono posporre o anteporre al nome. Se questi aggettivi seguono il nome hanno una funzione distintiva e restrittiva, se lo precedono hanno un valore descrittivo e in ogni caso viene espressa una maggiore soggettività del giudizio. Traducete le seguenti frasi:

a. Meine alte Schule wird gerade renoviert.

.........................................................................................................

b. Er hat einen großen Bogen Papier vor sich ausgebreitet. (r.5)

.........................................................................................................

c. Sie hat ein kleines Kind.

.........................................................................................................

d. Sie setzte sich auf den alten Sessel. (Nella stanza ci sono diverse poltrone, fra le quali una vecchia.)

.........................................................................................................

e. Er steckte einen dicken Filzstift in die Pyjamatasche. (r.26)

.........................................................................................................

f. Sie hat eine große Nase.

..............................................................................................................

Nel caso di alcuni aggettivi la posizione rispetto al sostantivo comporta anche una differenza di significato. Se l'aggettivo precede il nome è usato in senso figurato, se lo segue in senso proprio. Es.: *un vecchio amico* (che conosco da tempo, a cui sono affezionato) / *un amico vecchio* (non più giovane, anziano). Traducete in tedesco le seguenti espressioni:

g. *certe notizie / notizie certe*.............................................

h. *diversi libri / libri diversi* ............................................

i. *un nuovo vestito / un vestito nuovo*......................................

j. *una semplice domanda / una domanda semplice* ..........................

k. *un unico libro / un libro unico* ..........................................

l. *un pover'uomo / un uomo povero* .........................................

**5. L'avverbio "so .... wie möglich".** Si traduce in italiano con *il più ... possibile.*

a. Früher wollte Robert so lange wie möglich aufbleiben. (r.29)

..............................................................................................................

b. Komm so früh wie möglich!

..............................................................................................................

c. Du musst mir den Brief so schnell wie möglich schicken.

..................................................................................................................

d. Das habe ich so gut wie möglich gemacht.

..................................................................................................................

**6.** Il verbo ***interessarsi*** regge la preposizione ***di*** (all'incirca nel significato di *occuparsi di*; es.: *si interessa di musica barocca* ) oppure la preposizione ***a*** (nel senso di *mostrare interesse per qualcosa*; es.: *non mi sono mai interessata ai fatti dei vicini*).
Soprattutto nella lingua parlata, si tende ad usare, al posto del verbo riflessivo, la costruzione con il verbo intransitivo *interessare* e con il pronome oggetto indiretto: *Il cinema gli interessa molto.* (invece di: *si interessa molto di cinema.* È anche possibile, però, la costruzione con il pronome oggetto diretto (*Il cinema lo interessa molto*). Fate delle frasi con gli elementi dati e il verbo *interessare / interessarsi:*

a. *Lui / non / teatro*

..................................................................................................................

b. *Io / arti figurative*

..................................................................................................................

c. *Lei / politica locale*

..................................................................................................................

d. *Noi / spettacoli teatrali*

..................................................................................................................

e. *Loro / calcio*

..........................................................................................................................

Specchietto lessicale

**ZEIT** *tempo*
*tempi*
*periodo*
*epoca*
*momento*
*ora*

Sie malt die ganze Zeit. = *Dipinge sempre. / Non fa che dipingere.*
Wie die Zeit vergeht! = *Come passa il tempo!*
zu einer anderen Zeit = *in un altro momento*
zur Zeit = *in questo periodo / attualmente*
zur damaligen Zeit = *a quell'epoca / a quei tempi / allora*
zu meiner Zeit = *ai miei tempi*
zur Zeit der Kommunen = *all'epoca / al tempo dei comuni*
in der letzten Zeit = *in questi ultimi tempi*
Das war die schönste Zeit meines Lebens! = *È stato il più bel periodo della mia vita.*
Es ist nicht die richtige Zeit. = *Non è il momento giusto.*
die Zeit nach dem Krieg = *il periodo dopo la guerra*
Es ist Zeit zu gehen. = *È ora / È tempo di andare.*
Es ist höchste Zeit. = *Non c'è tempo da perdere.*
Es ist höchste Zeit, etwas zu tun. = *È proprio arrivato il momento di fare qsa.*
Es ist eine Frage der Zeit. = *È questione di tempo.*

- Ma cos'ha quel ragazzo? disse la madre di Roberto[1], sono davvero preoccupata.[2] Prima andava sempre giù in cortile,[3] oppure al parco a giocare a pallone con Alberto, Charlie, Enzo e gli altri. Adesso se ne sta tutto il giorno in camera. Invece di fare i compiti,[4] sulla scrivania ha un grande foglio di carta sul quale continua a disegnare delle lepri.

- Silenzio, per favore, disse Roberto. Se parli non riesco a concentrami.[5]

- E poi continua a borbottare numeri,[6] numeri e ancora numeri. C'è proprio qualcosa che non va.[7]

Parlava fra sé e sé, come se Roberto non fosse nella stanza.

- Prima i numeri non lo interessavano per niente. Anzi ce l'aveva a morte[8] con il professore per i compiti di matematica. Esci,[9] vai a prendere un po' d'aria, aggiunse alla fine.

Roberto alzò gli occhi dal foglio e disse:

- Hai ragione. Se continuo a contare le lepri, finisce che mi viene mal di testa.

E così Roberto uscì. Al parco c'era un grande prato, però senza lepri.[10]

- Ciao Roberto, gli disse Alberto vedendolo arrivare. Vuoi giocare?

C'erano anche Enzo, Giovanni, Ivan e Charlie. Giocavano a calcio, ma Roberto non aveva voglia. Non hanno proprio idea  di come crescono gli alberi pensava.[11] Quando tornò a casa era già abbastanza tardi e subito dopo cena andò a dormire. Per precauzione nella tasca del pigiama, mise un grosso pennarello.

- Come mai vai a letto così presto?[12] si stupì sua madre. Prima volevi sempre stare alzato fino a tardi.[13]

Ma Roberto sapeva perfettamente cosa voleva, e sapeva anche perché non diceva niente a sua madre, che non gli avrebbe certamente creduto se le avesse spiegato che le lepri, gli alberi e persino le vongole[14] sanno contare e che un mago dei numeri era suo amico.[15]

---

[1] Il traduttore cerca una corrispondenza in italiano per i nomi propri, forse perché il libro è destinato a giovani lettori; normalmente è consigliabile lasciare i nomi nella lingua originale.

[2] - *Sono preoccupata, disse la madre di Robert. Non so proprio cos'abbia quel ragazzo.* Nella traduzione italiana l'ordine delle frasi viene invertito, probabilmente per raggiungere un effetto più vicino al parlato.

[3] Il verbo essere, "Früher war er immer im Hof", può essere reso qui, come fa il traduttore, con un verbo di movimento. Un'altra possibilità: *Prima scendeva in cortile o andava ai giardini pubblici e giocava a calcio.*

Il "Perfekt" tedesco in frasi temporali introdotte da avverbi quali "früher / damals...+ immer" viene reso in italiano con l'imperfetto indicativo per via dell'aspetto descrittivo e/o iterativo dell'azione (vedi anche riga 11).

Invece di due frasi coordinate (*andava e giocava*) il traduttore sceglie una soluzione stilisticamente migliore usando una costruzione implicita (*andava a giocare*). Alla r.5 (r.6 dell'originale), ugualmente, alla coordinazione preferisce una subordinata relativa (*ha un grande foglio di carta sul quale continua a disegnare*).

[4] Giustamente il traduttore omette il possessivo ("seine Schulaufgaben").

[5] *"Stai zitta che mi confondi. Devo concentrarmi", disse Robert.* La scelta del traduttore è qui troppo libera. Il *per favore* non corrisponde al tono dell'originale.

[6] "Die ganze Zeit", accompagnato ad un verbo, raramente si traduce *tutto il tempo*. Si preferisce ricorrere al verbo *continuare* + infinito, o ad espressioni come *non fa che* + infinito.

[7] Non è mica normale.

[8] *Se la prendeva / ce l'aveva con l'insegnante / protestava perché l'insegnante gli dava troppi compiti di matematica... Avercela a morte* è eccessivo.

[9] *"Ma esci una buona volta ...." disse / esclamò alla fine*. Qui "endlich" non si può tradurre con *finalmente*, il traduttore l'omette.

[10] *Sul quale non correva nemmeno una lepre*: è una traduzione più letterale.

[11] *Non hanno la più pallida idea di come crescano gli alberi, pensò*. L'espressione *non avere la più pallida idea* si costruisce con la preposizione *di* che viene mantenuta anche davanti alla congiunzione interrogativa.

[12] *Da quando vai a letto...* anche questa traduzione letterale va bene.

[13] *Il più a lungo possibile*, è più letterale; più liberamente si potrebbe anche dire: *non volevi mai andare a letto*.

[14] La parola "Muschel" corrisponde in italiano sia a *vongole*, *cozze*, sia a *conchiglie*. In questo contesto *conchiglie* sembrerebbe più appropriato, perché gli altri due termini sono legati quasi esclusivamente al mondo culinario.

[15] *E che aveva per amico un diavoletto / genietto dei numeri*. "Zahlenteufel" è un tipico esempio di parola connotata culturalmente e quindi difficile da rendere nella lingua di arrivo. In tedesco la parola indica fra l'altro un essere dispettoso, spesso responsabile degli errori nei compiti di matematica.

## 2. Barbara Honigmann: *Eine Liebe aus nichts*

Meine Mutter stammte aus Bulgarien. Meinen Vater hatte sie in England kennengelernt und war ihm nach dem Krieg nach Berlin gefolgt, da wollten sie ja ein neues Deutschland aufbauen. Aber in Berlin hat sie sich nie einleben können. Sie behielt immer eine große Feindseligkeit gegen diese Stadt, in der sie sich verlief und verirrte und überhaupt nicht orientieren konnte, und auch nach vielen Jahren noch sprach sie mit einem starken Akzent ein fehlerhaftes Deutsch, so daß jeder sie fragte, woher sie käme. Und weil sie schon viele Jahre in Wien, Paris und London gelebt hatte, konnte sie nicht einfach sagen, ich komme aus Bulgarien. Doch die ganze Geschichte wollte ja auch keiner hören. So hat sie sich eines Tages, nachdem mein Vater sie schon lange verlassen hatte und sie immer allein geblieben war, entschlossen, wieder nach Bulgarien zurückzukehren. In Sofia hatte sie noch Familie und Freunde von vor dem Krieg, da hoffte sie, sich besser zurechtzufinden und endlich wieder in ihre Muttersprache zurückkehren zu können. [...]

In den Ferien habe ich oft meine Mutter in Bulgarien besucht, und wir sind zusammen ans Schwarze Meer oder ins Rilagebirge gefahren. Mit den Jahren aber sprach sie mehr und mehr nur noch Bulgarisch, eine Sprache, die ich nicht schön fand und die ich nicht verstand, so daß ich als eine Fremde zwischen den Onkeln und Tanten und Freunden von vor dem Krieg saß. Kurz vor ihrem Tode haben wir gar nicht mehr mit einander sprechen können, weil sie nur noch Bulgarisch verstand, doch das hatte ich ja nie gelernt.

Aus Barbara Honigmann: *Eine Liebe aus nichts*, ©1991 by Rowohlt Berlin Verlag GmbH, Berlin

## Esercizi di approfondimento

**1. Complementi di luogo.** In quali dei seguenti casi usate l'articolo?

a. Ich bin aus London. ........................................................................................

b. Ich komme aus England. ..................................................................................

c. Meine Mutter stammte aus Bulgarien. (r.1)

........................................................................................................................

d. Ich lebe in Berlin. ............................................................................................

e. Ich lebe in Deutschland. ..................................................................................

f. Ich fahre nach Florenz. ....................................................................................

g. Ich fahre nach Italien. .....................................................................................

h. Sie fahren ans Meer. ........................................................................................

i. Fährst du ins Gebirge? .....................................................................................

j. Padua ist nicht weit von Ferrara entfernt. ..........................................................

k. Kampanien liegt südlich von Rom. ....................................................................

**2. Frasi causali.** La frase causale è introdotta da: *dato che*, *visto che*, *dal momento che*, *poiché*, *giacché*. *Siccome* (solo quando la frase causale precede la principale) e *perché* (solo quando la causale segue la principale).

Il modo della causale è l'**indicativo** tranne che nelle frasi introdotte da *non perché*. Es.: *Gli ho detto di tornare un'altra volta non perché mi fosse antipatico, ma perché in quel momento non avevo tempo.*

a. Da sie sich in Berlin nicht wohl fühlte, kehrte sie nach Sofia zurück.

.....................................................................................................................

b. Die Tochter konnte ihre Mutter nicht mehr verstehen, weil diese in den letzten Jahren ihres Lebens nur Bulgarisch sprach.

.....................................................................................................................

.....................................................................................................................

c. Da Frau Kroll geschieden ist, lebt sie allein mit ihrem Sohn.

.....................................................................................................................

d. Weil sie schon viele Jahre in Wien, Paris und London gelebt hatte, konnte sie nicht einfach sagen: „Ich komme aus Bulgarien". (r.10)

.....................................................................................................................

.....................................................................................................................

Quando il soggetto della principale e della secondaria causale sono uguali, possiamo anche usare il costrutto implicito con il **gerundio.** (Es.: *Non sentendosi bene, andò dal dottore.*) Provate ad usare il gerundio nell'es. 2.

3. **Reggenza dei verbi**. Alcuni verbi tedeschi sono seguiti da un accusativo (oggetto diretto), mentre il corrispondente verbo italiano richiede un dativo (complemento indiretto) e viceversa.

a. Meine Mutter war meinem Vater nach Berlin gefolgt. (r.2)

..............................................................................................................

b. Jeder fragte sie, woher sie käme. (r.8)

..............................................................................................................

c. Ich wollte ihm helfen.

..............................................................................................................

d. Hast du Doris angerufen? (usate il verbo *telefonare*)

..............................................................................................................

e. Wir warten auf Johanna.

..............................................................................................................

f. Ich wurde gefragt, ob ich Engländerin sei.

..............................................................................................................

g. Du hast meine Frage nicht beantwortet.

..............................................................................................................

h. Ich danke Ihnen, Herr Mocci.

..............................................................................................................

i. Sie zeigte auf die Bücher in den Regalen.

..............................................................................................................

4. **Oggetto antecedente al verbo.** A volte, in italiano come pure in tedesco, per attirare l'attenzione sull'oggetto, questo viene anteposto al verbo (dislocazione a sinistra). Non dimenticate in questi casi di porre tra complemento oggetto e verbo il pronome accusativo corrispondente. (Es.: *Queste mele non **le** voglio!*).

a. Meinen Vater hatte sie in England kennengelernt. (r.1)

..........................................................................................

b. Die ganze Geschichte wollte keiner hören. (r.10)

..........................................................................................

c. Dieses Hemd ziehe ich nicht an!

..........................................................................................

d. Deinen Schlüssel konnten wir nicht finden.

..........................................................................................

e. Geschwister hat sie drei / keine.

..........................................................................................

f. Dieselben Worte hast du mir vor zwei Jahren gesagt.

..........................................................................................

g. Schlagsahne habt ihr schon viel zu viel genommen!

..........................................................................................

h. Ihren Brief haben wir leider noch nicht erhalten.

..........................................................................................

**5. Le particelle "ja" e "doch".** Usando la particella "ja" colui che parla dà per certo che l'oggetto e il contenuto della frase siano noti all'ascoltatore. Essa si può a volte non tradurre in italiano, oppure rendere con *certo*, *infatti* o *ma*.

"Doch" indica un conflitto tra le conoscenze del parlante e quelle dell'ascoltatore; può essere tradotto con una congiunzione avversativa, per es. *eppure*, *ma*, *però*. In risposta a una domanda: *Come no! Invece sì! Altro che! Certo!*

a. Doch die ganze Geschichte wollte ja keiner hören. (r.10)

.................................................................................................................

b. Doch Bulgarisch hatte ich ja nie gelernt. (r.24)

.................................................................................................................

c. Hast du keinen Hunger? Doch!

.................................................................................................................

d. Das ist ja Markus!

.................................................................................................................

e. Sie hatte gesagt, sie würde nicht mitfahren und dann ist sie doch gekommen.

.................................................................................................................

f. Ich hatte es dir doch gesagt!

.................................................................................................................

g. Ich komme ja schon!

.................................................................................................................

h. Ich kaufe immer die Nudeln De Cecco. Sie sind ja die besten.

........................................................................................................................

6. **Articolo con i nomi di lingua / materia di studio**. Quando si tratta di una facoltà universitaria e di una materia scolastica non c'è l'articolo (es.: *Ha studiato Medicina / Legge a Padova. All'ultima ora abbiamo tedesco / storia)*; quando si intende una materia, una scienza nel suo complesso, l'articolo invece c'è (es.: *La medicina mi ha sempre affascinato*).

   Nel caso delle lingue di solito c'è sempre l'articolo, tranne che con il verbo *parlare* che può anche essere usato senza. (Es.: *ho imparato il russo, capisco l'olandese, parlo (il) francese)*.

   Completate le seguenti frasi inserendo, dove lo ritenete necessario, l'articolo determinativo.

a. *Non parlo ... bulgaro.*

b. *Carlo studia .... tedesco in una scuola privata di lingue.*

c. *Marina studia ... Economia aziendale all'università di Venezia.*

d. *Oggi abbiamo ... matematica alla seconda ora.*

e. *... matematica non mi piace, non la capisco proprio!*

f. *Non ho mai imparato ... spagnolo.*

Specchietto lessicale

| | | |
|---|---|---|
| **FREMD** | *sconosciuto* | *un viso sconosciuto / uno sconosciuto* |
| | *estraneo* | *non dare confidenza agli estranei* |
| | *straniero* | *un cittadino straniero / una lingua straniera* |
| | *altrui* | *proprietà altrui* |

sich fremd fühlen = *sentirsi estranei*
unter fremdem Namen = *sotto falso nome / sotto mentite spoglie*
fremd gehen = *avere una relazione (extraconiugale) / mettere le corna*
Es mutet mich fremd an. = *Questa cosa mi sembra strana.*
Das Kind fremdelt. = *Il bambino non va volentieri con gli estranei. Fa il vergognoso / è timido con gli estranei.*
*È vietato l'ingresso agli estranei / ai non addetti ai lavori.* = Zutritt für Unbefugte verboten.

## Traduzione italiana

Mia madre proveniva dalla Bulgaria.[1] Mio padre, l'aveva conosciuto in Inghilterra e, dopo la guerra, l'aveva seguito a Berlino, là infatti volevano[2] costruire una nuova Germania. Ma non era mai riuscita ad abituarsi[3] a Berlino. Mantenne[4] sempre una grande ostilità nei confronti di questa città, nella quale si perdeva e confondeva e non riusciva assolutamente ad orientarsi e, anche dopo molti anni, parlava ancora un tedesco scorretto con un marcato accento, cosicché tutti le chiedevano da dove veniva[5]. E siccome aveva vissuto[6] già molti anni a Vienna, a Parigi e a Londra non poteva dire semplicemente: sono bulgara.[7] D'altra parte nessuno voleva sentire tutta la storia.[8] Perciò un giorno, dopo che mio padre già da tempo l'aveva lasciata e lei era sempre rimasta da sola, decise di ritornare in Bulgaria. A Sofia aveva ancora la famiglia e amici di prima della guerra[9] e sperava di potersi sentire là più a suo agio[10] e di poter finalmente tornare alla sua madre lingua. [...].

Durante le vacanze mi recai[11] spesso a trovare mia madre in Bulgaria e allora andavamo insieme sul Mar Nero o sui monti Rila. Con gli anni, però, lei parlava sempre più solo bulgaro,[12] una lingua che non trovavo bella e che non capivo, cosicché me ne stavo seduta tra zii, zie e amici di prima della guerra come un'estranea. Poco prima della sua morte[13] non riuscivamo più a parlare l'una con l'altra poiché lei capiva ormai solo il bulgaro, e io invece[14] non l'avevo mai imparato.

[1] *Era originaria della Bulgaria / era di origine bulgara.*

[2] *Si voleva.* In italiano il valore impersonale si rende anche con la terza persona plurale. Così facendo si mantiene l'ambiguità del testo, (chi voleva costruire una nuova Germania: i tedeschi in generale o i genitori della narratrice?).

[3] *Non era mai riuscita ad ambientarsi / trovarsi bene / a sentirsi a proprio agio / ad acclimatarsi.* In considerazione del contesto e per congruenza con le frasi precedenti si è preferito qui usare un trapassato prossimo.

[4] "Behielt" è sullo stesso piano temporale di "hat sie sich entschlossen" r.11 e di "habe ich besucht" r.17; si può usare per entrambe le azioni il passato prossimo, o il passato remoto. Trattandosi di un testo letterario è preferibile il passato remoto.

[5] Anche *venisse*, trattandosi di un'interrogativa indiretta.

[6] Qui si può anche usare la frase implicita: *Avendo vissuto / essendo vissuta.* Con il verbo *vivere* quando non c'è un oggetto diretto (*ha vissuto una vita felice, ha vissuto dei bei momenti*) si possono usare entrambi gli ausiliari.

[7] *Non poteva dire semplicemente che era bulgara.* Ricordate che dopo il "verbo di dire" e prima della frase dichiarativa non c'è la virgola.

[8] *Ma nessuno aveva voglia di stare a sentire tutta la storia.*

[9] Anche *da prima della guerra.*

[10] *Trovarsi meglio / cavarsela meglio lì.* Gli avverbi di luogo "da" / "dort" possono essere tradotti in italiano con il locativo *ci* (lingua scritta: *vi*), soprattutto in combinazione con i verbi di moto a luogo o di stato in luogo. Qui potremmo dire: *potercisi sentire bene.* In molti casi, come anche in questo passo, è preferibile usare il pronome di luogo *là* o *lì* per non appesantire la frase.

[11] *Andavo*; a seconda se si vuole accentuare l'aspetto iterativo dell'azione piuttosto che quello risultativo sono accettabili sia il perfetto che l'imperfetto.

[12] Se vogliamo mettere in primo piano l'aspetto risultativo non possiamo usare il passato remoto di *parlare* - data la presenza degli indicatori temporali *con gli anni* e *sempre più* - e ricorriamo a una perifrasi: *col passare degli anni finì per parlare solo bulgaro.*

[13] *Poco prima che morisse.*

[14] *Io, dal canto mio.*

## 3. Christoph Hein: *Der fremde Freund*

In der Stadt waren jetzt viele Touristen. Sobald aber die Geschäfte schlossen, wurden die Straßen leer und wirkten ausgestorben wie immer. [...]

An einem Sonnabendmorgen machte ich mit Henry einen Einkaufsbummel. Wir kauften für ihn einen Anzug. Es war ein dunkler Zweireiher mit Nadelstreifen, und Henry sah in ihm elegant aus. Er meinte zwar, daß er ihn sicher nie tragen würde, aber er kaufte ihn. Ich suchte nach Gebrauchskeramik und Kosmetika, und Henry begleitete mich geduldig überallhin.

In der Klinik gab es für mich viel zu tun. Da Urlaubszeit war, bekam ich zusätzliche Patienten in meine Sprechstunden. Zweimal mußte ich Bereitschaft übernehmen. Wenn ich nach Hause kam, war ich zu müde, um noch etwas zu tun. An solchen Tagen bin ich mit meiner Wohnung zufrieden. Sie ist so klein und ausreichend komfortabel, ich kann einfach alles fallen lassen.

Störend war die Hitze. An heißen Sommertagen staut sich die Wärme im Zimmer. Abends lasse ich bei geöffneten Türen lange die Dusche laufen, was aber wenig hilft. So schlafe ich schlecht ein und werde vom Straßenlärm früh geweckt.

Anfang September rief mich Mutter in der Klinik an. Sie sagte, daß es Vater nicht gut gehe. Als ich fragte, ob ich kommen solle, sagte sie, daß sie nicht deswegen anriefe.

Esercizi di approfondimento

1. Quando introduce un **complemento di tempo** la preposizione "an" può essere resa a seconda dei casi con le preposizioni *a*, *di*, *in* e spesso non si traduce:

a. An einem Sonnabendmorgen machte ich mit Henry einen Einkaufs-bummel. (r.4)

..........................................................................................................

b. Sonntags werde ich immer von der Stille wach, die in der Straße herrscht.

..........................................................................................................

c. An solchen Tagen habe ich überhaupt keine Lust, so früh aufzustehen.

..........................................................................................................

d. Anfang September möchte Anna nochmals ein paar Tage Urlaub nehmen.

..........................................................................................................

e. Morgens ging ich immer in die Bar frühstücken.

..........................................................................................................

f. Tagsüber sah er manchmal jünger aus. (W. Borchert)

..........................................................................................................

g. Am Dienstag werde ich mich mit Michele treffen.

..........................................................................................................

2. **Complementi di tempo.** Completate con le preposizioni *entro, fino a, tra/ fra*. Ricordate che *bis* nelle espressioni come "bis morgen", "bis später", "bis Montag" si rende con la preposizione *a*: *a domani, a dopo, a lunedì.*

a. *Oggi lavoro ............ sei.*

b. *La relazione deve essere finita ........... venerdì.*

c. *Dobbiamo inoltrare la domanda ............ il 30 giugno.*

d. *Leggo spesso ............ tarda notte.*

e. .............. *dieci giorni partirò per Parigi.*

f. *Devi terminare il lavoro ............ domani.*

g. *Resterò a Berlino ........... domenica.*

h. .............. *15 giorni cominceranno le vacanze.*

3. **Il pronome relativo "was"**, quando richiama o riassume qualcosa di già detto, si rende in italiano con *cosa che*, *il che*, *la qual cosa*. Negli altri casi si usa il pronome doppio *ciò che*, *quello che* e *quanto*. Traducete le seguenti frasi:

a. Abends lasse ich lange die Dusche laufen, was aber wenig hilft. (r.18)

..........................................................................................................

b. Du redest zu viel, was mir nicht gefällt.

..........................................................................................................

c. Ich gebe dir alles, was ich habe.

..........................................................................................................

d. Mein Nachbar hört immer laute Musik, was mich sehr stört.

..............................................................................................................

e. Was er mir erzählt hat, entspricht nicht der Wahrheit.

..............................................................................................................

f. Er ist weggegangen, ohne zu grüßen, was nicht sehr nett ist.

..............................................................................................................

**4. La congiunzione "wenn"** si traduce ***quando*** ("jedesmal wenn"), se ha senso temporale, e ***se*** ("falls") in senso condizionale.

a. Wenn ich nach Hause kam, war ich müde. (r. 12)

..............................................................................................................

b. Wenn das Wetter schön ist, fahren wir ans Meer.

..............................................................................................................

c. Wenn man jung ist, hat man viele Pläne.

..............................................................................................................

d. Wenn die Schulferien beginnen, leeren sich die Städte.

..............................................................................................................

e. Wenn du willst, helfe ich dir bei den Hausaufgaben.

..............................................................................................................

**5.** Traducete il seguente brano con il **discorso indiretto** in tedesco:

Alla fine di novembre mio fratello mi telefonò e mi disse che non stava bene e che voleva licenziarsi e partire per un lungo viaggio. Non sapeva ancora bene quando l'avrebbe fatto, ma in ogni caso aveva deciso.
Quando gli domandai se era proprio sicuro e se voleva che io lo andassi a trovare uno dei giorni successivi per parlarne insieme, lui mi rispose che non era necessario.

........................................................................................................................

........................................................................................................................

........................................................................................................................

........................................................................................................................

........................................................................................................................

........................................................................................................................

E ora ritraducete in italiano il vostro testo (coprendo naturalmente il testo di partenza!)

........................................................................................................................

........................................................................................................................

........................................................................................................................

........................................................................................................................

........................................................................................................................

**6. Discorso indiretto.** Traducete in italiano facendo attenzione a:

- **modo** (dopo "i verbi di dire" - esclusa la forma impersonale - in italiano va l'indicativo!)
- **tempo** (rapporto di contemporaneità, anteriorità o posteriorità)
- **soggetto** (se il soggetto della principale è lo stesso della secondaria potete usare *di* + infinito).

Ricordate: prima delle oggettive non ci va la virgola!

a. Er sagt, er sei krank.

...........................................................................................................

b. Er sagte, seine Eltern gäben ihm kein Geld mehr.

...........................................................................................................

c. Sie sagte, dass es Vater nicht gut gehe. (r.20)

...........................................................................................................

d. Der Gewerkschaftsvertreter sagt, die Verhandlungen seien noch nicht gescheitert.

...........................................................................................................

...........................................................................................................

e. Er meinte, er werde seiner Frau schreiben.

...........................................................................................................

f. Wolfgang meinte, dass Gerds Frau einen Unfall gehabt habe.

...........................................................................................................

g. Sie behauptet, alle seien verrückt geworden.

..........................................................................................................

h. Er behauptete, er wäre ein General.

..........................................................................................................

i. Man sagt, dass Kinder mehr Schlaf brauchen als Erwachsene.

..........................................................................................................

Specchietto lessicale

| | | |
|---|---|---|
| **FERIEN** | | *vacanze (scolastiche)* |
| | *vacanze* | |
| **URLAUB** | | *ferie (dal lavoro)* |

in den Ferien = *durante le vacanze*
die Ferien verbringen = *passare / trascorrere le vacanze*
Wie war dein Urlaub? = *Come sono andate le vacanze?*
in Urlaub fahren = *andare* ***in*** *vacanz**a** / in ferie*
in den Sommerferien = *nelle / durante le vacanze estive*
Mir steht noch eine Woche Urlaub zu. = *Mi spetta ancora una settimana di ferie.*

Traduzione italiana di Fabrizio Cambi, *L'amico estraneo*, © 1990 by e/o, Roma

In quel periodo[1] c'erano molti turisti in città. Ma non appena chiudevano i negozi, le strade si vuotavano prendendo come sempre un aspetto di morte[2]. [...]

Un sabato mattina feci un giro dei negozi con Henry. Lui si comprò un vestito.[3] Era un doppiopetto spigato[4]; Henry era elegante con quell'abito.[5] Disse che sicuramente non l'avrebbe mai portato, ma lo comprò lo stesso[6]. Io cercavo oggetti di ceramica[7] e cosmetici; Henry mi accompagnò[8] pazientemente dappertutto.

In clinica c'era molto da fare per me. Poiché era periodo di ferie furono assegnati al mio ambulatorio anche altri pazienti. [9] Per due volte fui di turno. Quando ritornavo a casa ero troppo stanca[10] per fare ancora qualcosa. In giorni simili sono contenta della mia casa. È così piccola e abbastanza confortevole, e non ho da fare niente.[11]

Il caldo era fastidioso. Nei giorni di piena estate[12] la calura[13] ristagna nella stanza. La sera faccio scorrere a lungo la doccia tenendo le porte aperte, ma non migliora la situazione.[14] Così mi addormento male e vengo svegliata presto dal rumore della strada.

All'inizio di settembre mia madre mi telefonò in clinica. Disse che il papà non stava bene. Quando chiesi se dovevo andare[15] da loro, rispose che non era quello il motivo per cui chiamava.

[1] I deittici temporali ("jetzt", "zu dieser Zeit", "vor wenigen Tagen", "in einigen Tagen") in un testo al passato non si traducono con *ora*, *in questo periodo, pochi giorni fa, fra alcuni giorni*, possibili solo quando l'enunciato è al presente, bensì con *allora, in quel periodo, pochi giorni prima, alcuni giorni dopo.*

[2] Il traduttore prende troppo alla lettera l'aggettivo "ausgestorben". Secondo noi è più corrispondente al senso dell'espressione tedesca tradurre: *le strade sembravano deserte.*

[3] *Comprammo un vestito per lui.* Comunque la scelta del traduttore ci sembra più conforme all'uso italiano.

[4] *Lo spigato* è un'altra cosa ("Fischgrätenmuster"); qui si tratta di un abito *gessato.*

[5] *Che dava ad Henry un aspetto elegante.*

[6] Il senso concessivo di "zwar" va espresso con *lo stesso* dopo il verbo della principale.

[7] Parola difficile da tradurre connotata culturalmente in quanto in uso nella ex-RFT; come alternativa: *stoviglie (da cucina).*

[8] Anche: *mi accompagnava.* L'imperfetto sottolineerebbe l'aspetto iterativo.

[9] *Nel mio studio vennero più pazienti / mi furono assegnati pazienti in più.* L'ambulatorio solitamente indica uno studio privato esterno all'ospedale.

[10] Dal precedente accenno ai cosmetici si dovrebbe dedurre che chi parla è una donna, quindi non si dimentichi la concordanza dell'aggettivo: *stanca*!

[11] Bisogna interpretare il senso della frase e non tradurre letteralmente, proponiamo: *posso lasciarmi tutto alle spalle / posso lasciarmi andare / posso rilassarmi.* La soluzione del traduttore è abbastanza arbitraria.

[12] *Nelle calde giornate estive.*

[13] Anche: *il calore.*

[14] Più comunemente: *ma non serve molto.*

[15] In italiano non si può mantenere in questo caso il verbo *venire* perché, nel passaggio dal discorso diretto a quello indiretto, il movimento si dirige verso una terza persona lontana sia da chi racconta sia dall'interlocutore (cioè il lettore). Si osservino questi due esempi di discorso diretto: *Mi disse: "Non voglio venire da te". Le disse: "Non voglio venire da te".* Nel discorso indiretto corrispondono a: *Mi disse che non voleva venire da me. Le disse che non voleva andare da lei.* Nel primo caso usiamo *venire* perché gli interlocutori sono compresenti, mentre nel secondo caso uno dei due interlocutori è assente. La scelta fra *andare* e *venire* per i parlanti tedeschi può risultare problematica perché *venire* corrisponde in tedesco non solo a "kommen", ma anche a "mitgehen" quando sono coinvolti entrambi i parlanti. Es.: "Gehst du ins Kino? - Ich gehe mit!" = *Vai al cinema? – Vengo anch'io.*

## 4. Peter Handke: *Der kurze Brief zum langen Abschied*

Ich rief das Hotel in Providence an und fragte nach einer Nachricht für mich; es gab keine. Ich nannte die Adresse meines Hotels in New York und auch, während ich dabei in einem Reiseführer blätterte, auf gut Glück als weitere Nachsendeadresse ein Hotel in Philadelphia, das BARCLAY Hotel am Rittenhouse Square. Dann ließ ich mir für den nächsten Tag im Barclay Hotel ein Zimmer bestellen. Ich rief noch einmal unten an und bat den Portier, mir eine Eisenbahnfahrkarte nach Philadelphia zu besorgen. Dann rief ich das Hotel Delmonico an und fragte, ob meine Frau inzwischen den Fotoapparat abgeholt hätte; man bedauerte. Ich sagte, daß ich in einer Stunde selber hinkommen würde. [...]

Lang nach Mitternacht kam ich zu Fuß ins Hotel zurück. Ich ließ mir noch vom Nachtportier die Zugkarte nach Philadelphia geben, dann setzte ich mich in die Bar, die BLUE BAR hieß, und trank Kentucky Whisky, langsam, ohne betrunken zu werden. Ich nahm mir von einem Tisch Ansichtskarten von dem Hotel und schrieb vielen Leuten, auch einigen, denen ich noch nie geschrieben hatte. Von einem Automaten im Hotelvorraum holte ich Luftpostmarken und warf die Karten gleich in den Hotelbriefkasten. Ich ging in die Bar zurück, saß in einem breiten Ledersessel, mit dem ich mich umdrehen konnte, und hielt das Glas vor mir auf der flachen Hand. Manchmal beugte ich mich dazu und trank einen kleinen Schluck.

Esercizi di approfondimento

**1. Verbi perfettivi e imperfettivi**. Alternanza di perfetto (passato prossimo o remoto) e imperfetto.

Osservate i tre verbi seguenti: la differenza aspettuale tra il perfetto e l'imperfetto di alcuni verbi italiani corrisponde, in tedesco, a due verbi differenti.

***seder(si)*** **- sitzen / sich setzen**

a. Dann setzte ich mich in die Bar. (r.14)

..............................................................................................................

b. Ich saß in einem breiten Ledersessel. (r.20)

..............................................................................................................

***conoscere*** **- kennen / kennen lernen**

c. Ich kannte sie ganz gut.

..............................................................................................................

d. Ich lernte Jan vor einem Jahr kennen.

..............................................................................................................

***sapere*** **- wissen / erfahren**

e. Wusstest du, dass Marion schon aus den USA zurück ist?

..............................................................................................................

f. Ich habe es nicht gewusst.

..............................................................................................................

g. Wann hast du es erfahren?

..............................................................................................................

h. Als er es erfuhr, war es zu spät.

..............................................................................................................

**2. Passato remoto o imperfetto?** Attenzione agli indicatori temporali.

a. Lange nach Mitternacht kam er ins Hotel zurück und ging in die Bar.

..............................................................................................................

b. Er schrieb gerade eine Postkarte, als seine Frau den Raum betrat.

..............................................................................................................

c. In jenem Sommer bestellte er sich oft einen Kentucky Whisky, und auch an dem Abend trank er einen.

..............................................................................................................

d. Immer wenn er einen Whisky trank, wurde er traurig.

..............................................................................................................

e. Alles war still. Er saß bequem da und blätterte in der Zeitung. Plötzlich fiel ihm ein, dass er Irene abholen wollte.

..............................................................................................................

..............................................................................................................

f. Er fühlte sich merkwürdig, aber er wusste nicht warum. Doch als er seine Frau sah, fühlte er sich gleich wohler.

.......................................................................................................................

.......................................................................................................................

**3.** Mettete nella forma del **discorso indiretto**, facendo attenzione alla concordanza dei tempi e al modo. Di regola dopo "i verbi di dire" e la congiunzione *che* non c'è il congiuntivo, che è invece possibile nella domanda indiretta.

a. *"Sto molto bene in questo periodo"*

*Gli disse*..........................................................................................

b. *"Ci sono dei messaggi per me?"*

*Le chiese*..........................................................................................

c. *"Che cosa ha detto Gino?"*

*Mi domandò*..........................................................................................

d. *"Mi prenoti un biglietto ferroviario per Filadelfia"*

*Pregai il portiere*..........................................................................................

e. *"Io al tuo posto resterei qui"*

*Le confessai*..........................................................................................

f. *"Beve un aperitivo?"*

*In un bar di Lisbona Pereira chiese a Marta*..........................................................

4. **Frasi implicite.** Per scelta stilistica l'autore fa ampio uso della paratassi: provate a sostituire, dove possibile, le frasi principali con una frase implicita (gerundio, participio, infinito). Es.: *aprii la porta e lo vidi* = *aprendo / nell'aprire / aperta la porta lo vidi.*

a. *Tornai al bar e mi sedetti.*

..........................................................................................................

b. *Ogni tanto mi chinavo e bevevo un piccolo sorso.*

..........................................................................................................

c. *Il barista si avvicinò e mise un portacenere sul tavolino.*

..........................................................................................................

d. *Mi sdraiai sul letto e aprii "Enrico il verde".* (P. Handke)

..........................................................................................................

5. **Le parole composte**, di cui la lingua tedesca è ricca, si rendono in italiano con un doppio sostantivo in ordine generalmente opposto ("Korkenzieher" = *cavatappi*), oppure con un aggettivo unito al sostantivo ("Goldfisch" = *pesce rosso*) o con due sostantivi uniti da preposizione ("Sonnenbrille" = *occhiali da sole*, "Plastikbecher" = *bicchieri di plastica*). A volte basta un unico sostantivo ("Heimweh" = *nostalgia*).

a. Eisenbahnkarte ......................

b. Weinglas ..............................

c. Marmortisch ..........................

d. Kartenspiel ...........................

e. Brautkleid ....................................

f. Sehnsucht ....................................

g. Ansichtskarte ...............................

h. Badeanzug ...................................

i. Blumenkohl ..............................

j. Hotelvorraum ..............................

k. Flughafenbus ..............................

l. Reiseführer ..............................

m. Seidenschal ..............................

n. Bahnhofsvorsteher ..............................

o. Küchentisch ..............................

p. Briefkasten ..............................

q. Wortspiel ..............................

r. Musikinstrument ..............................

s. Gesichtsausdruck ..............................

t. Nachtportier ..............................

u. Dosenöffner ..............................

v. Kulturbeutel ..............................

**6.** Il verbo **lassen** si traduce con ***fare*** + infinito (nel senso di "veranlassen") o con ***lasciare*** + infinito (nel senso di "zulassen", "erlauben"). In alcuni casi troviamo delle espressioni idiomatiche, dove "lassen" non viene tradotto: es.: "Hier lässt es sich gut leben." = *Qui si vive bene.*

a. Ich muss das Fahrrad reparieren lassen.

..............................................................................................................

b. Der Professor hat mich lange warten lassen.

..............................................................................................................

c. Ich ließ mir vom Nachtportier die Zugkarte nach Philadelphia geben. (r.12)

..............................................................................................................

d. Lass ihn schlafen!

..............................................................................................................

e. Lass dich nicht beeinflussen!

..........................................................................................................

f. Mit ihr lässt sich reden!

..........................................................................................................

g. Sie haben sich vor drei Jahren scheiden lassen.

..........................................................................................................

Specchietto lessicale

| **NACHRICHT(EN)** | *notizia*<br>*messaggio*<br>*informazione*<br>*telegiornale, giornale radio* |
|---|---|

eine Nachricht hinterlassen = *lasciare un messaggio*
Nachrichten einholen = *raccogliere informazioni*
Ich habe in den Nachrichten gehört, dass... = *Ho sentito al telegiornale che...*
Nachrichtenagentur = *agenzia stampa*
Nachrichtendienst = *servizi segreti*
Nachrichtensperre = *silenzio stampa*
Nachrichtensprecher = *annunciatore / il "mezzobusto"*

Traduzione italiana di Bruna Bianchi, *Breve lettera per un lungo addio*, © 1983 by Feltrinelli, Milano

Chiamai l'albergo di Providence e chiesi se ci fossero notizie per me; non ce n'erano[1]. Diedi l'indirizzo[2] del mio albergo di New York e a casaccio, sfogliando una guida turistica, come successivo recapito un albergo di Filadelfia,[3] il BARCLAY Hotel sul Rittenhouse Square[4]. Quindi prenotai[5] una camera per il giorno seguente al Barclay Hotel. Chiamai l'atrio un'altra volta,[6] e pregai il portiere di procurarmi un biglietto ferroviario[7] per Filadelfia. Poi telefonai all'Hotel Delmonico e chiesi se mia moglie avesse ritirato la macchina fotografica; si dispiacquero[8]. Dissi che ci sarei andato io stesso entro un'ora[9].[...] Molto dopo mezzanotte tornai all'albergo a piedi. Mi feci dare dal portiere il biglietto per Filadelfia, poi mi sedetti nel bar,[10] che si chiamava BLUE BAR, e bevvi Kentucky Whisky, lentamente, senza ubriacarmi[11]. Presi da un tavolo alcune cartoline dell'albergo e scrissi a molte persone, anche ad alcune a cui non avevo mai scritto prima. Da un distributore automatico dell'atrio presi dei francobolli da posta aerea e subito imbucai le cartoline nella cassetta postale dell'albergo. Ritornai nel bar, mi sedetti in un'ampia poltrona di pelle[12], con cui potevo ruotare su me stesso, e tenni il bicchiere davanti a me sul palmo della mano.[13] Ogni tanto mi chinavo e bevevo un piccolo sorso.

[1] Non dimenticate il partitivo che in italiano è necessario.

[2] *Indicai l'indirizzo del mio hotel / Feci il nome del mio hotel.* "Nennen" non può essere reso in nessun caso con *nominare.*

[3] *Indicai l'indirizzo del mio hotel a New York e, a caso, sfogliando una guida turistica, come recapito successivo anche quello di un albergo di Filadelfia.* Attenti all'ordine degli elementi della frase: la congiunzione *anche* non può precedere, come in tedesco, la secondaria temporale, ma deve essere unita al complemento oggetto. Usare il gerundio - *sfogliando* - per tradurre la temporale rende la frase più scorrevole.

[4] *A / (Sulla) Rittenhouse Square.* In generale si tende a usare con i toponimi, che rimangono nella lingua originale, il genere che hanno in italiano (*Potsdamerplatz è molto moderna, l'Herkulesbrücke è molto trafficato*). Con i nomi stranieri di piazze si usa di solito la preposizione *a.*

[5] *Mi feci prenotare.* Questa variante corrisponde maggiormente alle intenzioni dell'autore, in quanto il protagonista non prenota la camera personalmente.

[6] *Chiamai ancora una volta la reception / la hall. / Richiamai il portiere e lo pregai.* È preferibile non tradurre letteralmente il tedesco "unten anrufen".

[7] La specificazione *biglietto ferroviario* è qui necessaria perché non si può desumere dal contesto. Le parole composte tedesche sono spesso fonte di difficoltà nella traduzione italiana, dovendo l'italiano ricorrere a forme aggettivali o preposizionali. Spesso quindi, nel tradurre, per non appesantire la frase, si possono tralasciare le specificazioni non indispensabili. In questo testo: "Nachtportier" = *portiere ( notturno / di notte)*, "Ansichtskarten" = *cartoline (illustrate)*, "Hotelvorraum" = *atrio (dell'albergo).*

[8] *Si dissero spiacenti.* Oppure, in modo più informale: *gli dispiaceva, ma purtroppo no.*

[9] "In einer Stunde" può anche essere tradotto, con altro significato, *un'ora dopo.*

[10] *Al bar.* Con la parola *bar* si usa di norma la preposizione *a*, ma prima dell'articolo indeterminativo o con i dimostrativi e gli indefiniti troviamo *in.*

[11] Giustamente il traduttore usa un verbo incoativo (cioè che indica l'inizio di un'azione o di una condizione) per rendere il tedesco "werden + aggettivo". Alcuni esempi: *ubriacarsi, stancarsi, arrossire, impallidire.*

[12] "Leder" può essere tradotto sia con *cuoio* sia con *pelle*: al cuoio si associa l'idea della durezza e della rigidità (*suole, cartella, sella di cuoio*), la pelle invece è morbida (*guanti, scarpe, poltrona, giacca di pelle*).

[13] Già in tedesco la frase è un po' incongruente. Il primo verbo è da intendersi perfettivamente, gli altri due, come quelli della frase successiva, sono invece imperfettivi. Per marcare lo stacco aspettuale potremmo usare la punteggiatura: *Ritornai al bar; me ne stavo seduto su una poltrona di pelle girevole e tenevo / tenendo il bicchiere …*

## 5. Alice Vollenweider: *Italiens Provinzen und ihre Küche*

Um Italien kennenzulernen, braucht es viel Zeit: man muß Reisen machen, Städte besichtigen, den Alltag in der Stadt und auf dem Land erleben, Museen besuchen, Gespräche führen, Freundschaften schließen, ins Theater und ins Kino gehen und auch die Zeitungen und das Fernsehen zur Kenntnis nehmen. Und falls man sich besonders für die Literatur und die Kochkunst interessiert, so muß man die Schriftsteller der Vergangenheit und der Gegenwart lesen, die Speisen im Restaurant und am Familientisch essen und zusätzlich das Angebot der Buchhandlungen und Kioske, der Märkte und der Supermärkte, der Bäcker und der Fischhändler studieren. Das ist nicht alles; es gilt auch Vergleiche anzustellen: Carlo Emilio Gaddas Rezept des Risotto milanese begreift man nicht in seiner ganzen Herrlichkeit, wenn man nicht weiß, wie man diesen Risotto kocht, und die Diskussion übers Schneckenessen in Vittorinis *Gespräch in Sizilien* versteht man nur auf dem Hintergrund der Sammlertradition der süditalienischen Küche richtig.

Je intensiver man sich mit der vielgestaltigen Wirklichkeit Italiens beschäftigt, desto reicher und komplexer fächert sie sich auf, und wenn man sich endlich zur Diagnose fähig fühlt, entdeckt man, daß sich die Wirklichkeit in der Zeit, in der man lebte und beobachtete, gewandelt hat und neue Entwicklungen im Gange sind.

1. **Il *si* impersonale e passivante.** Nel caso del *si* passivante bisogna ricordare che il verbo concorda nel numero con il nome a cui si riferisce (es.: *Si compra la frutta / si comprano le ciliegie)*
Con un verbo riflessivo il *si* diventa *ci* (es.: *ci si sveglia presto)*.
Nelle costruzioni con *si è, si diventa, ci si sente* + aggettivo, l'aggettivo prende la desinenza del maschile plurale (es.: *Quando si è giovani, si hanno molti progetti per il futuro*), tranne nel caso in cui sia riferito esclusivamente a un gruppo di donne (es.: *Quando si è incinte, non si deve fumare*).

a. In Italien isst man besser als in anderen europäischen Ländern, weil die Menschen viel Wert auf gutes Essen legen.

.......................................................................................................

.......................................................................................................

b. Man kauft die Teigwaren nicht im Supermarkt, sondern im Teigwarenladen. Ravioli und Tagliatelle werden häufig selbst gemacht.

.......................................................................................................

.......................................................................................................

c. Falls man sich für Kochkunst und Literatur interessiert, so muss man die Schriftsteller der Vergangenheit und der Gegenwart lesen. (r.5)

.......................................................................................................

.......................................................................................................

d. In Santa Maria, in der Nähe von Catanzaro, hat man vor ungefähr sechs Jahren angefangen, die beliebten calabresischen Schnecken zu züchten. (A. Vollenweider)

.................................................................................................................

.................................................................................................................

e. Bei mir zu Hause hat man zu Weihnachten immer Tortellini gegessen.

.................................................................................................................

.................................................................................................................

**2.** Le espressioni impersonali **"man muss"** und **"man braucht".**

**"Man muss"** si traduce in italiano con *bisogna* + infinito, (anche *si deve*, ma in questo caso il verbo concorda con un eventuale nome a cui si riferisce. Es.: *Si devono lasciare i cappotti al guardaroba*).

**"Man braucht" + sostantivo** si rende con *ci vuole / ci vogliono* (es.: *Ci vuole pazienza / ci vogliono molti soldi)* più comune rispetto a *occorre / occorrono* (*occorre molta pazienza / occorrono molti soldi*).

In senso temporale possiamo anche usare *ci si mette / ci si mettono* (es.: *ci si mette un'ora / ci si mettono due giorni*).

**"Wozu braucht man ...?"** si rende con *a che cosa serve?*

**"Brauchen" + infinito** si traduce con *dovere, bisogna, è necessario* (es.: *non devi dire niente*).

a. Um die Prüfung abzulegen, muss man mehrere Aufsätze über das Thema lesen.

.................................................................................................................

b. Für diesen Kuchen braucht man vier Eier.

..........................................................................................................

c. Wie lange braucht man von Berlin nach Bologna?

..........................................................................................................

d. Mit dem Flugzeug braucht man drei Stunden, glaube ich.

..........................................................................................................

e. Man hat lange gebraucht, um sich zu einigen.

..........................................................................................................

f. Du brauchst nicht dich aufzuregen.

..........................................................................................................

g. Um diesen Job zu machen, braucht man den Führerschein.

..........................................................................................................

h. Wozu braucht man dieses Gerät?

..........................................................................................................

i. Man braucht nicht zu bezahlen.

..........................................................................................................

**3.** La congiunzione correlativa **"je ... desto / um so"** si traduce in italiano con *(quanto) più / meno .. tanto più / meno.*

a. Je schneller du redest, desto weniger verstehe ich dich.

..........................................................................................................

b. Je intensiver man sich mit der vielgestaltigen Wirklichkeit Italiens beschäftigt, desto reicher und komplexer fächert sie sich auf. (r.17)

.......................................................................................................

.......................................................................................................

c. Je freundlicher man ist, desto leichter findet man Freunde.

.......................................................................................................

d. Je später ihr ankommt, desto weniger werdet ihr verstehen.

.......................................................................................................

e. Je älter das Kind wird, um so ähnlicher wird es seiner Mutter.

.......................................................................................................

f. Je mehr er hat, desto mehr will er.

.......................................................................................................

**4.** Il verbo **"erleben"** si rende in italiano in vari modi: *vedere, provare, fare l'esperienza, sperimentare, vivere, capitare, succedere.*

a. In den Ferien habe ich unheimlich viel erlebt.

.......................................................................................................

b. Er hat seinen 50. Geburtstag nicht mehr erlebt.

.......................................................................................................

c. Ich habe etwas Schönes erlebt!

.......................................................................................................

d. Meine Großeltern haben zwei Kriege erlebt.

..................................................................................................................

e. So böse habe ich sie noch nie erlebt.

..................................................................................................................

f. Du wirst dein blaues Wunder erleben!

..................................................................................................................

g. Um Italien kennen zu lernen, muss man den Alltag in der Stadt und auf dem Land erleben.

..................................................................................................................

Specchietto lessicale

**DAS ESSEN** *cibo*
*il mangiare*
*pietanza / piatto*
*pasto (pranzo /cena)*

Das Essen ist fertig! = *Il pranzo è pronto! La cena è pronta!*
nach / vor dem Essen = *dopo mangiato / prima di mangiare*
Das Essen schmeckt gut. = [In italiano si loda la pietanza specifica]: *Che buono questo risotto! Che buoni questi funghi!*
Er hat das Essen nicht angerührt. = *Non ha toccato cibo.*
Das ist sein Lieblingsessen. = *È il suo piatto preferito.*
Für die Italiener ist das Essen sehr wichtig. = *Per gli Italiani il mangiare è importante. / È importante mangiar bene.*

Traduzione italiana

Per conoscere l'Italia ci vuole molto tempo: bisogna fare dei viaggi, visitare le città, sperimentare la vita quotidiana in città e in campagna, visitare i musei, intrattenere conversazioni, stringere amicizie, andare al cinema o a teatro e inoltre seguire[1] stampa e televisione. E nel caso che ci si interessi particolarmente di letteratura e gastronomia[2], bisogna conoscere gli autori del passato e del presente, bisogna mangiare nei ristoranti e in famiglia[3] e studiare inoltre l'offerta di librerie ed edicole, di mercati e supermercati, di panettieri e pescivendoli[4]. E non è tutto; bisogna anche fare dei confronti: la ricetta di Gadda del risotto alla milanese, non si capisce in tutta la sua magnificenza, se non si sa come si prepara[5] questo risotto, e la discussione sulla pietanza[6] a base di lumache di cui parla Vittorini in *Conversazione in Sicilia* si capisce soltanto sullo sfondo della tradizionale disposizione ad andare in giro a raccogliere i frutti della natura[7] tipica della cucina meridionale.

Più ci si occupa della variegata realtà italiana, tanto più ricca e complessa questa si dispiega di fronte a noi. E quando ci si sente in grado di fare una diagnosi[8] si scopre che la realtà, nel tempo in cui si è vissuti[9] e si è osservato, è cambiata e che nuovi processi sono in corso.

---

[1] *Imparare a conoscere i giornali e la televisione.*

[2] *Arte culinaria.* Diversamente dal tedesco la parola italiana gastronomia indica l'arte della preparazione dei cibi.

[3] Non traduciamo letteralmente la parola composta "Familientisch" sia perché è intesa in senso figurato, sia per parallelismo con il sostantivo precedente.

[4] Davanti ai singoli nomi possiamo anche usare l'articolo: *esaminare l'offerta delle librerie e delle edicole, dei mercati e dei supermercati, ecc.* Abbiamo mantenuto le coppie di sostantivi presenti nel testo tedesco. In questo elenco compaiono nomi di negozi e, alla fine, di negozianti. Trattandosi di un elenco per coppie parallele, la cosa funziona; normalmente però è bene evitare di mescolare categorie diverse di sostantivi, per esempio nomi comuni di cosa e nomi comuni di persona, (vedi anche la nota 3).

[5] Il verbo "kochen", se è seguito da un oggetto ed è usato nel senso di "zubereiten", si traduce con *preparare, fare, cucinare*. Senza oggetto equivale a *fare da mangiare* o *cucinare* (es.: *di solito cucina mio marito*). Se il soggetto è un liquido usiamo *bollire* (es.: *l'acqua bolle a 100 gradi*). Nel senso di sottoporre a cottura ricorriamo a *cuocere* (es.: *l'arrosto deve cuocere 20 minuti / far cuocere l'arrosto 20 minuti*).

[6] Nel romanzo di Vittorini si parla di *chiocciole*, però in italiano, in senso gastronomico, è più usato il termine lumaca.

[7] "Sammeln" è usato qui nel senso di *raccogliere,* verbo seguito di norma da un complemento oggetto. Con *frutti della natura* si intendono sia i prodotti del regno vegetale sia piccoli animali come le chioccciole.

[8] Dobbiamo usare, al contrario dell'originale, l'articolo indeterminativo.

[9] I due verbi della frase relativa "lebte" und "beobachtete" sono sullo stesso piano temporale del "gewandelt hat" della frase oggettiva, e devono per questo essere resi con un passato prossimo.

## 6. Manfred Flügge: *Gesprungene Liebe*

Im August 1928 fuhren Kadi, Emmy und ich nach Berlin, unsere Mutter hatte in Paris zu tun. Wir hatten diese Stadt so lange nicht gesehen, und ich war ganz aufgeregt. Ahnte ich damals schon, daß ich sie verlieren würde? In Berlin erwartete uns unser Vater am guten alten Bahnhof Zoo. Deutschland kam mir jetzt irgendwie seriöser vor als Frankreich, mit den gotischen Buchstaben auf den Bahnhöfen und den blauen uniformierten Bahnhofsvorstehern mit den roten Mützen. Als ich nach drei Jahren das erste Mal in unser Haus trat, erkannte ich die Gerüche wieder, den Marmor, das Holz, die Teppiche. Dieses fast hundertjährige Haus war so ganz anders als unser Pariser Neubau. Am nächsten Tag kam auch Tante Ilse mit ihrer Tochter, und wir erzählten endlos allerlei Geschichten.

An einem Sonntag unternahmen wir eine Autofahrt mit Hanns Hessel, dem jüngeren Bruder meines Vaters, zu seinem neuen Haus nahe bei Berlin. Unterwegs sangen wir alle französischen Pfadfinderlieder, die wir kannten. Dann zeigte uns der Onkel ganz stolz die Baustelle, erklärte, was in dem künftigen Haus wie aussehen sollte, aber wir hatten große Mühe, uns das vorzustellen. Dann gingen wir in ein Garten-Café mit Musik, das am Ufer der Havel lag. Abends brachte uns der Onkel in die Friedrich-Wilhelm-Straße zurück. Die Wohnung wurde fast ganz von einem Untermieter benutzt, meinem Vater war nur das Zimmer zum Hof geblieben. Da der Untermieter auf Reisen war, konnten wir in einem seiner Zimmer schlafen.

Aus Manfred Flügge: *Gesprungene Liebe*, © 1993 by Aufbau Verlag, Berlin und Weimar

## Esercizi di approfondimento

1. **I possessivi con nomi di familiari.** Ricordate che con i nomi di familiari al singolare, che non sono diminutivi e non sono accompagnati da un'ulteriore determinazione, non c'è l'articolo davanti al possessivo. Il possessivo *loro* è sempre preceduto dall'articolo. Traducete le seguenti frasi:

a. Unsere Mutter hatte in Paris zu tun. (r.2)

..............................................................................................................

b. Am nächsten Tag kam auch Tante Ilse mit ihrer Tochter. (r.11)

..............................................................................................................

c. Wir unternahmen eine Autofahrt mit unserem Vater und seinem jüngerem Bruder.

..............................................................................................................

d. Die Torelli sind geschieden und ihr Sohn wohnt bei der Mutter.

..............................................................................................................

e. Komisch! Deine Geschwister sind beide im Oktober geboren.

..........................................................................................................

f. Mein Opa väterlicherseits ist vor 10 Jahren gestorben.

..........................................................................................................

g. Arbeitet Ihr Mann immer noch bei der Stadtverwaltung?

..........................................................................................................

h. Sein Kind ist nicht älter als unseres, es ist sogar ein halbes Jahr jünger.

..........................................................................................................

**2.** Sottolineate con due colori diversi le forme verbali che in italiano tradurreste con **il passato remoto o l'imperfetto.** Sottolineate anche gli eventuali indicatori temporali che giustificano la scelta del tempo.

**3.** In frasi che esprimono **durata fino al momento dell'enunciato** (cioè quando si pronuncia la frase), laddove il tedesco usa un tempo composto, troviamo in italiano un presente o, dove in tedesco c'è un "Plusquamperfekt", un imperfetto + la preposizione *da* ovvero una perifrasi introdotta da *è tanto che... / è un secolo che ...*(Es.: r.2 Wir **hatten** diese Stadt so **lange** nicht **gesehen** = *Non **vedevamo** questa città **da** così tanto tempo / Era tanto che non vedevamo questa città*). *Non dormo da due notti / Son due notti che non dormo* è diverso da: *Non ho dormito per due notti.*

a. Wir hatten Berlin ewig nicht mehr gesehen.

..........................................................................................................

b. Ich habe eine Ewigkeit kein Klavier mehr gespielt.

..........................................................................................................

c. Er hatte eine ganze Woche nicht geraucht und war empört, als Marie ihm eine Zigarette anbot.

..........................................................................................................

..........................................................................................................

d. Ich wäre froh, wenn Ute, die ich seit Dezember nicht mehr gesehen habe, sich mal melden würde.

..........................................................................................................

..........................................................................................................

e. Es ist lange her, dass ich dir geschrieben habe.

..........................................................................................................

**4. Futuro nel passato.** Quando il verbo della secondaria esprime posteriorità rispetto ad una frase principale al passato, si usa, nella frase dipendente, **il condizionale composto** (es.: *disse che sarebbe venuto*).

a. Ahnte ich damals schon, dass ich sie verlieren würde? (r.3)

..........................................................................................................

b. Wir glaubten, du würdest die Stadt bald verlassen.

..............................................................................................................

c. Wir konnten uns nur schwer vorstellen, wie das Haus am Ende aussehen würde.

..............................................................................................................

d. Als ich ihn zum ersten Mal sah, wusste ich sofort, dass ich mich in ihn verlieben würde.

..............................................................................................................

..............................................................................................................

I **verbi modali**, "sollen", "können", "dürfen", nel discorso indiretto, possono corrispondere in italiano ad un futuro nel passato. Al posto del condizionale composto si può usare l'imperfetto indicativo, cosa assai frequente nella lingua parlata.

e. Er erklärte uns, wie wir die Übungen hätten machen sollen.

..............................................................................................................

f. Sie haben nicht gesagt, wann wir kommen sollten.

..............................................................................................................

g. Ich wusste nicht, wie ihr einen Ausweg hättet finden können.

..............................................................................................................

Nota bene! Nelle frasi tedesche degli esercizi precedenti la secondaria è sempre preceduta dalla **virgola**, secondo le regole della punteggiatura tedesca. In italiano non è così.

5. La **punteggiatura.** Mettete le virgole nella traduzione italiana del testo di Flügge.

*Per la prima volta dopo tre anni misi piede in casa nostra riconobbi subito gli odori il marmo il legno i tappeti. Questo palazzo quasi centenario era molto diverso dall'edificio moderno in cui abitavamo a Parigi. ...Una domenica facemmo una gita con Hanns Hessel il fratello minore di mio padre per vedere la sua nuova casa vicino a Berlino. Per strada cantammo tutte le canzoni degli scouts francesi che conoscevamo. Poi lo zio ci mostrò tutto orgoglioso il cantiere ci spiegò come e dove sarebbero stati i vari locali anche se noi facevamo fatica ad immaginarceli. Poi andammo in un caffè con giardino che si trovava in riva alla Havel e dove suonava un'orchestra.*

Specchietto lessicale

| | |
|---|---|
| **AUFGEREGT** | *emozionato*<br>*nervoso*<br>*agitato*<br>*eccitato* |

Vor der Prüfung war ich sehr aufgeregt. = *Prima dell'esame ero molto emozionato / nervoso / agitato.*
Am Tag vor Weihnachten waren die Kinder ganz aufgeregt. = *La vigilia di Natale i bambini erano tutti eccitati.*
ein aufgeregtes Stimmengewirr = *un vocio concitato*

Nell'agosto del 1928 Kadi, Emmy ed io andammo a Berlino, nostra madre aveva da fare a Parigi. Non vedevamo la città da molto tempo ed io ero eccitatissimo[1]: era forse un presagio del fatto che presto l'avrei perduta?[2] A Berlino il papà ci aspettava[3] alla vecchia e buona stazione Zoo.[4] Con le sue scritte in caratteri gotici nelle stazione e i capistazione in divisa blu e berretto rosso[5], la Germania mi sembrò[6] in qualche modo più seria della Francia. Per la prima volta dopo tre anni misi piede in casa nostra, riconobbi subito gli odori, il marmo, il legno, i tappeti. Questo palazzo quasi centenario era molto diverso dall'edificio moderno[7] in cui abitavamo a Parigi. Il giorno seguente venne zia Ilse con la figlia e ci raccontammo per ore[8] storie di ogni genere.

Una domenica facemmo una gita in auto con Hanns Hessel, il fratello minore di mio padre, per vedere[9] la sua nuova casa vicino a Berlino. Per strada[10] cantammo tutte le canzoni degli scout francesi che conoscevamo. Poi lo zio ci mostrò tutto orgoglioso il cantiere, ci spiegò come e dove sarebbero stati i vari locali,[11] anche se noi facevamo fatica ad immaginarceli.[12] Poi andammo in un caffè con giardino[13] che si trovava in riva alla Havel e dove suonava un'orchestra. La sera lo zio ci riaccompagnò nella Friederich-Wilhelm-Straße. L'appartamento era quasi tutto occupato da un inquilino[14], a mio padre era rimasta una sola camera che dava sul cortile. Siccome l'inquilino era in viaggio, potemmo dormire in una delle sue stanze.

[1] Questo è uno dei pochi casi in cui è giusto tradurre "aufgeregt" con *eccitato*, termine che si usa per definire uno stato di grande agitazione in attesa di un evento positivo ( non si dice quindi *ero eccitato prima dell'esame*) o nel senso di eccitazione sessuale ("erregt").

[2] *Presagivo già allora che l'avrei persa?* In un contesto letterario ci pare più indicato l'uso del participio regolare *perduto*, che contiene una sfumatura di nostalgia. Il titolo di Proust non si potrebbe tradurre *Alla ricerca del tempo perso!* Che corrisponderebbe in tedesco a "vergeudete Zeit", cioè *tempo sprecato / sciupato.*

[3] *Mio padre ci aspettava.* Aspettare è qui imperfettivo, se scegliessimo un altro verbo, ad esempio *venire a prendere* lo useremmo perfettivamente: *ci venne a prendere.*

[4] *Alla vecchia e cara Bahnhof Zoo.* Contrariamente al solito questa coppia di aggettivi viene anteposta al sostantivo perché si vuole esprimere una sfumatura affettiva. Mentre potremmo dire anche *cara vecchia Bahnhof Zoo* nella sequenza sopra indicata fra i due aggettivi ci vuole la congiunzione *e.*

[5] *I capistazione con la divisa blu e il berretto rosso.* Per questi capi di abbigliamento comuni a tutta la categoria è preferibile usare il singolare.

[6] Anche: *mi sembrava.*

[7] "Neubau" = *edificio / palazzo moderno / di recente costruzione;* "Altbau" = *casa vecchia / palazzo d'epoca.*

[8] *Non la smettevamo di raccontarci.* L'avverbio "endlos" in questo caso è implicito nel verbo coniugato all'imperfetto. In ogni caso non può essere tradotto alla lettera.

[9] In italiano ci vuole un verbo, non si direbbe infatti **facemmo una gita in auto alla sua casa.*

[10] *Strada facendo / Durante il tragitto.*

[11] *Come sarebbe stata la disposizione dei vari locali.*

[12] *Facemmo fatica ad immaginarcelo*, qui potremmo usare la forma perfettiva se intendiamo mettere l'accento sul risultato dell'azione.

[13] *Un caffè con giardino dove si suonava della musica.* La parola "Garten-Café mit Musik" può solo essere tradotta liberamente.

[14] *Subaffittuario / Subinquilino.* La specificazione espressa dal prefisso *sub-* è già contenuta nella parola *inquilino* e non è quindi necessaria.

## 7. Johannes Hösle/Wolfgang Eitel (Hg.): *Italienische Literatur der Gegenwart in Einzeldarstellungen*

Pier Paolo Pasolini wurde am 5. März 1922 in Bologna als ältester Sohn eines aus der Romagna stammenden Offiziers und einer friaulischen Mutter geboren. Die Kindheit verbringt er in verschiedenen Dörfern und Städten Oberitaliens, sieht als seine "ideale Heimat" jedoch Casarsa im Friaul an. Bereits im Kindesalter (1929 in Sacile) macht Pasolini unter Anleitung der Mutter, wie er selber berichtet, die ersten dichterischen Versuche. [...]. Mit 13 Jahren betätigt er sich als 'Epiker', versucht er sich in Versdramen, und als Jüngling setzt er sich mit Carducci, Pascoli und D'Annunzio auseinander. 1937 legt er am Galvani-Gymnasium in Bologna die Reifeprüfung ab. Vom gleichen Jahr an studiert er in Bologna Philologie. Von Bedeutung ist die Begegnung mit dem damals in Bologna lehrenden Kunsthistoriker Roberto Longhi. Von 1937 bis 1942/43 durchlebt Pasolini die Hochblüte des italienischen Hermetismus. Von 1943 bis 1949 lebte er in Casarsa, wo er die "Academiuta di Lengua Furlana" gründet und eine Zeitschrift (*Quaderno Romanzo*) herausgibt. Er befaßt sich in dieser Zeit insbesondere mit den alle Regionen Italiens betreffenden Dialektfragen und wird Mitarbeiter verschiedener Zeitschriften und Zeitungen. Als Zwanzigjähriger veröffentlicht er sein erstes Gedichtbändchen, die *Poesie a Casarsa.* [...] Bei Kriegsende schreibt er an *La meglio gioventù* und *L'usignolo della chiesa cattolica*. Im Winter 1949 zieht Pasolini mit seiner Mutter nach Rom und unterrichtet dort zunächst in einer Mittelschule. Damit endet die für ihn so wichtige friaulische Periode.



## Esercizi di approfondimento

1. **Le biografie.** Riflettete sulla prima frase. Il testo da tradurre inizia con una formula di apertura tipica delle biografie o dei curriculum vitae tedeschi: „P.P. Pasolini wurde am ... in ... als ältester Sohn eines aus der Romagna stammenden Offiziers und einer friaulischen Mutter geboren.“ Questa formula, molto sintetica, non può essere mantenuta in italiano. Dovremmo quindi scomporre la frase in due parti: „P.P. Pasolini wurde als ältester Sohn eines Offiziers am .... in .... geboren. Der Vater stammte aus der Romagna und die Mutter aus Friaul.“ Un'altra possibilità potrebbe essere: „P.P. Pasolini wurde am ... in ... geboren. Er war der älteste Sohn eines aus der Romagna stammenden Offiziers. Die Mutter kam aus Friaul.“

2. Traducete in italiano queste espressioni tipiche della biografia di persone famose:

a. Der Autor wurde am .... in...... geboren.

.......................................................................................................

b. Er wuchs in einfachen Verhältnissen auf.

.................................................................................................................

c. Bereits im Kindesalter machte er seine ersten dichterischen Versuche. (r. 5)

.................................................................................................................

d. Als Zwanzigjähriger veröffentlichte er seinen Debütroman / seinen ersten Roman.

.................................................................................................................

e. 19.. zog er nach ....

.................................................................................................................

f. Als junger Mann setzte er sich mit Pascoli auseinander.

.................................................................................................................

g. Mit 30 Jahren nahm er eine Stelle als Lehrer an.

.................................................................................................................

h. 19.. erhielt er den Strega-Preis.

.................................................................................................................

i. Mitte der 70er Jahre erhielt er den Lehrstuhl für italienische Sprache und Literatur an der Universität Bogotà.

.................................................................................................................

j. Goffredo Parise starb 1986 nach langer, schwerer Krankheit.

.................................................................................................................

k. 19.. wurde ihm zu Ehren ein Museum eröffnet.

..........................................................................................................

**3.** La biografia di Pasolini è scritta con il "presente storico"; in alcuni passaggi compare però l'alternanza fra tempi storici e presente (vedi r.14-17). Di solito le biografie di personaggi che non vivono più sono scritte al passato remoto. Trasformate al **passato** la vostra traduzione delle righe 10-21:

..........................................................................................................

..........................................................................................................

..........................................................................................................

..........................................................................................................

..........................................................................................................

..........................................................................................................

..........................................................................................................

..........................................................................................................

..........................................................................................................

**4.** Caratteristico delle biografie è l'uso di costrutti impliciti con il **participio passato** con valore temporale. Es.: ***Ritornato*** *a Palermo si dedicò al restauro di mobili antichi.* ***Lasciato il paese natale,*** *visse all'estero per* *molti anni.* Quando nella frase implicita c'è un oggetto, il participio concorda con esso (participio assoluto).

Traducete le seguenti frasi usando il participio passato:

a. Nachdem er nach Rom gezogen war, fing er gleich an, als Lehrer zu arbeiten.

..........................................................................................................

..........................................................................................................

b. Nachdem er Casarsa verlassen hatte, ließ er sich mit seiner Familie in Bologna nieder.

..........................................................................................................

..........................................................................................................

c. Nachdem er das Studium beendet hatte, unternahm er eine lange Reise.

..........................................................................................................

d. Nachdem sie den Strega-Preis erhalten hatte, gab sie ihre Karriere als Lehrerin auf.

..........................................................................................................

..........................................................................................................

5. **Il participio presente tedesco,** quando ha una funzione attributiva, in posizione immediatamente precedente a un sostantivo, viene abitualmente tradotto in italiano con una frase relativa ("der in Bologna lehrende Kunsthistoriker" (r.12) = *lo storico dell'arte che insegnava a Bologna*);

più raramente con un participio presente ("ein aus der Romagna stammender Offizier" ( r.2) = *un ufficiale proveniente dalla Romagna)* anche in formule fisse (es.: fließendes Wasser = *acqua corrente*) o laddove la forma verbale è sentita ormai come aggettivo (es.: eine bezaubernde Frau = *una donna affascinante*); in alcuni casi possiamo anche trovare una forma preposizionale (es.: ein brennendes Haus = *una casa in fiamme*).

a. Er betrachtete die lesende Frau.

..........................................................................................................

b. Alle Anwesenden hörten den singenden Knaben aufmerksam zu.

..........................................................................................................

c. Der fliegende Teppich existiert nur in Märchen!

..........................................................................................................

d. Er sprang in letzter Minute auf den fahrenden Zug auf.

..........................................................................................................

Diverso è il caso in cui il "Partizip Präsens" dipende da un verbo principale ed ha una funzione modale, temporale, causale, condizionale o consecutiva. In questi casi si può usare il gerundio, come nei seguenti esempi: Er erzählte weinend seine Geschichte = *raccontò, piangendo, la sua storia.* Il soggetto è lo stesso della principale.

e. Ich kehrte singend nach Hause zurück.

..........................................................................................................

f. Er kam mir lächelnd entgegen.

..........................................................................................................................

g. Wir gingen schweigend weiter.

..........................................................................................................................

Specchietto lessicale

**ALS** *da (diverse fasi della vita)*
*come*
*in qualità di / in veste di*

als Kind / als junger Mann / als Erwachsener = *da piccolo (da bambino) / da giovane / da grande*
Er fand eine Stellung als Lehrer. = *Trovò lavoro come insegnante.*
als Vorsitzender = *in qualità di presidente*
Leonardo Di Caprio hatte als Romeo viel Erfolg = ... *nella parte di...*
Pasolini wurde in Casarsa als ältester Sohn eines Offiziers geboren = *Pasolini nacque a Casarsa. Era il primogenito di ...*
Als einzige Tochter muss ich mich um meine Eltern kümmern. = *Essendo figlia unica devo occuparmi dei miei genitori.*

Traduzione italiana

Pier Paolo Pasolini nacque a Bologna il 5 marzo 1922. Era il primogenito[1] di un ufficiale di origine romagnola. La madre era friulana.[2] Trascorre l'infanzia in diversi paesi e città dell'Italia settentrionale, tuttavia considera sempre Casarsa del Friuli[3] la sua "patria ideale". Già[4] da bambino (nel 1929 a Sacile) fa i primi tentativi poetici sotto la guida materna, come riferisce lui stesso. [...] A tredici anni si cimenta[5] con l'epica e compone drammi in versi, da adolescente si occupa[6] di Carducci, Pascoli e D'Annunzio. Nel 1937 sostiene l'esame di maturità[7] al liceo Galvani di Bologna. Nello stesso anno[8] comincia a studiare Lettere a Bologna. Di grande importanza è l'incontro con lo storico dell'arte Roberto Longhi, che insegnava allora a Bologna. Dal 1937 al 1942/43 sperimenta di persona l'epoca d'oro[9] dell'ermetismo italiano. Dal 1943 al 1949 visse a Casarsa dove fonda l' "Academiuta di Lenga Furlana" e cura la pubblicazione della rivista "Quaderno romanzo". In questo periodo si occupa particolarmente di questioni riguardanti i vari dialetti italiani[10] e collabora a diversi giornali e riviste. Ventenne pubblica il suo primo volumetto di poesie, le *Poesie a Casarsa*". [...] Alla fine della guerra scrive *La meglio gioventù* e *L'usignolo della chiesa cattolica*. Nell'inverno del 1949 si trasferisce a Roma con la madre e inizialmente[11] lavora come insegnante in una scuola media. Si conclude così l'importante periodo friulano.[12]

[1] *Il figlio maggiore.*

[2] *Pier Paolo Pasolini, nacque, primo di due figli, a Bologna. Il padre, ufficiale, era di origine romagnola, la madre era friulana.* (vedi es. 1)

[3] Il nome completo del paese è Casarsa del Friuli, sono accettabili anche: *in / nel Friuli.*

[4] *Sin da piccolo scriveva poesie.*

[5] *Scrive componimenti epici e si cimenta in / prova a scrivere drammi in versi.* Trattandosi di verbi dal significato analogo, si può qui tradurre più liberamente. Al posto del raro *cimentarsi*, si potrebbe usare *fare dei tentativi con componimenti epici, misurarsi con il genere epico.*

[6] *Si confronta con / affronta le opere di.*

[7] *Supera l'esame di maturità* o, più formale: *consegue la maturità.*

[8] È meglio non tradurre alla lettera il complemento di tempo "von ...an" ma esprimerne il significato attraverso il verbo *cominciare.*

[9] *Sperimenta di persona l'apogeo / il periodo di maggior splendore.*

[10] Bisogna scomporre i vari attributi della frase tedesca per evitare una soluzione troppo contorta.

[11] È superfluo tradurre l'avverbio di luogo "dort" oppure possiamo fare una frase relativa introdotta da *dove: si trasferisce a Roma dove in un primo tempo / dapprima insegna.*

[12] *Con ciò termina il periodo friulano tanto importante per lui.*

## 8. Elias Canetti: *Die Stimmen von Marrakesch*

Ginette [...] war zweiundzwanzig und noch nicht aus Marokko draußen gewesen. Sie war hier geboren, von einem englischen Vater, der nach Dakar gegangen war und sich nicht um sie scherte und einer italienischen Mutter. Sie hörte gerne englisch reden, weil es sie an ihren Vater erinnerte. Was dieser trieb, warum er in Marokko gewesen und dann nach Dakar gegangen war, konnte ich nicht erfahren. Sowohl Madame Mignon wie sie selber erwähnten ihn manchmal mit Stolz und sie ließen, ohne es eigentlich zu sagen, durchblicken, daß er wegen der Tochter verschwunden war. Sicher wünschten sich beide, daß es so sei, denn da der Vater sich nicht um sie kümmerte, war es immerhin etwas, daß er die Stadt, in der sie lebte, geradezu mied. Von der Mutter sprach man nie; ich hatte den Eindruck, daß sie noch in Marrakesch lebe, aber man war nicht stolz auf sie. Vielleicht war sie arm, oder ihr Beruf nicht besonders ehrenvoll, vielleicht hielt man nicht viel von Italienern. Ginette träumte von einem Besuch in England, auf das sie sehr neugierig war. Aber sie wäre überall hingegangen, auch nach Italien; sie wartete auf einen Ritter, der sie von Marokko wegnehme. [...]

Als Ginette zum ersten Mal das Wort an mich richtete – ziemlich scheu, weil sie mich für einen Engländer hielt -, saß sie vor der Bar; ich saß rechts von ihr und ihr junger Mann war auf der anderen Seite. Sie fragte nach dem Fortgang des Films, den meine Freunde in Marrakesch drehten. Er war für sie kein kleines Ereignis, und sie wäre, wie ich bald merkte, für ihr Leben gern in den Film hineingekommen.

Aus Elias Canetti: *Die Stimmen von Marrakesch*, © 1968 by Carl Hanser Verlag, München/Wien

Esercizi di approfondimento

1. **L'articolo con i toponimi**. Traducete le seguenti frasi:

a. Ich komme aus Marokko.

.........................................................................................................

b. Meine Freunde drehten einen Film in Marrakesch.

.........................................................................................................

c. Sie hat in Frankreich gewohnt.

.........................................................................................................

d. Er fährt nach England.

.........................................................................................................

e. Sie war noch nie aus Marokko draußen gewesen. (r.1)

.........................................................................................................

f. Die Königin von Dänemark hat gestern die längste Hängebrücke Europas eingeweiht.

..........................................................................................................

..........................................................................................................

g. Ich weiß sehr wenig über Marokko.

..........................................................................................................

h. Apulien liegt in Süditalien.

..........................................................................................................

i. In der Vergangenheit hat Brasilien bereits mehrfach die Fußballweltmeisterschaft gewonnen.

..........................................................................................................

..........................................................................................................

**2. La frase causale.** Collegate le due frasi con una congiunzione causale.

a. *Suo padre non si interessava di lei. Lei non volle più vederlo.*

..........................................................................................................

b. *Le piaceva sentire parlare inglese. Le ricordava suo padre.*

..........................................................................................................

c. *Ginette sognava di fare un viaggio in Inghilterra. Non c'era mai stata.*

..........................................................................................................

d. *Non parlavano mai della madre. Pensai che fosse andata via.*

..........................................................................................

e. *Non aveva più voglia di restare in Marocco. Aspettava un cavaliere che la portasse via.*

..........................................................................................

**3. Il congiuntivo** è retto in italiano dai verbi che servono per esprimere un'opinione personale (*credere, pensare, ritenere ecc.*), da quelli che indicano una volontà, un desiderio, un augurio, un timore (es.: *volere, desiderare, temere ecc.)*, da quelli che indicano un sentimento (es.: *stupir(si), meravigliarsi, essere felici / lieti ecc.)* e dalle espressioni impersonali (es.: *è bello, è interessante, è un peccato, ecc.)*. Quando la frase oggettiva o soggettiva introdotta da *che* precede la principale, il modo del verbo è il congiuntivo (es.: *Che tu sia molto goloso, lo sanno tutti*). Se il soggetto della principale e quello della secondaria sono eguali si usa una frase infinitiva introdotta da *di* (es.: *Credo di venire domani.*) Traducete ora le seguenti frasi, facendo attenzione alla concordanza dei tempi:

a. Ich hatte den Eindruck, dass sie noch in Marrakesch lebe. (r.12)

..........................................................................................

b. Es freut mich, dass alles gut gelaufen ist.

..........................................................................................

c. Ich bezweifle, dass ich es heute schaffe, zu dir zu kommen.

..........................................................................................

d. Dass Anna die Prüfung schon abgelegt hatte, wusste ich.

..........................................................................................................

e. Es ist wichtig, dass ihr euch meldet.

..........................................................................................................

f. Er wünschte sich, dass sein Vater sich mehr um ihn kümmern würde.

..........................................................................................................

g. Dass Umberto Eco in Alessandria geboren ist, ist vielen seiner Leser bekannt.

..........................................................................................................

..........................................................................................................

**4. La reggenza verbale.** Traducete in tedesco le seguenti frasi e riflettete sull'uso delle preposizioni:

a. *Non si interessava di lei.* ..................................................................

b. *Le ricordava suo padre.* ..................................................................

c. *Aspettava un cavaliere.* ..................................................................

d. *Non si occupava di lei.* ..................................................................

e. *Non si era orgogliosi di lei.* ..................................................................

f. *Se ne fregava di tutti.* ..................................................................

g. *Di quello che diceva la gente non gliene importava nulla.*

..........................................................................................................

h. *Eravamo preoccupati per come si mettevano le cose.*

..........................................................................................

i. *Cercò di far finta di niente, ma ci accorgemmo subito dal suo comportamento di quello che era successo.*

..........................................................................................

..........................................................................................

**5.** Traducete in italiano le seguenti frasi con il verbo **halten** e la preposizione **für** (*ritenere, considerare, credere, prendere per* e locuzioni idiomatiche):

a. Sie hielt mich für einen Engländer. (r.20)

..........................................................................................

b. Ich halte ihn für einen sehr klugen Mann.

..........................................................................................

c. Da ich sie jedes Mal zusammen sah, hielt ich sie für ein Liebespaar.

..........................................................................................

d. Für wen halten Sie mich?

..........................................................................................

e. Wir halten sie für 40 Jahre alt.

..........................................................................................

f. Hältst du mich zum Narren?

..........................................................................................

**6.** Il verbo: **(sich) wünschen,** a seconda del contesto, può essere reso in italiano con: *augurar(si)*, *desiderare*, *piacere* o *sarebbe bello*, *vorrei* e regge il congiuntivo.

a. Ich wünsche euch alles Gute.

.......................................................................................................

b. Ich wünsche mir, dass ihr pünktlich erscheint.

.......................................................................................................

c. Wir wünschen dir, dass du bald wieder gesund wirst.

.......................................................................................................

d. Was wünschst du dir zum Geburtstag?

.......................................................................................................

e. Er hätte sich ein glücklicheres Leben gewünscht.

.......................................................................................................

f. Ich wünschte mir, dass du etwas ernster wärest.

.......................................................................................................

g. Sicher wünschten sich beide, dass es so sei. (r.9)

.......................................................................................................

**7. Il "linguaggio amoroso".** Traducete le seguenti frasi:

a. Sie war meine erste Liebe. ...................................................................

b. Er hat sich sogleich in sie verliebt. ......................................................

c. Ich war sehr verliebt in ihn. ..........................................................................

d. Sie heirateten bald. ..............................................................................................

e. Nach drei Jahren ließen sie sich scheiden.

..............................................................................................................

f. Er hat später wieder geheiratet.

..............................................................................................................

g. Sie hat einen Ausländer geheiratet.

..............................................................................................................

h. Er blieb ihr immer treu, niemals hätte er sie betrogen!

..............................................................................................................

i. Nach 30 Jahren Ehe gingen sie auseinander.

..............................................................................................................

| | |
|---|---|
| **BESUCH** | *visita* |
| | *ospite* |
| **BESUCHEN** | *andare / venire a trovare qualcuno* |
| | *far visita a qualcuno* |
| | *visitare un museo,un paese* |
| | *frequentare la scuola* |

Ich bin hier zu Besuch. = *Sono qui in visita.*
Komm mich bald besuchen. = *Vieni a trovarmi presto.*
*Il dottore visita il paziente.* – Der Arzt untersucht den Patienten.
Ich habe Besuch. = *Ho ospiti. / Abbiamo visite.*
ungebetener Besuch = *ospite indesiderato*
Der Besuch fährt morgen endlich wieder ab. = *Finalmente il nostro ospite domani riparte.*
Wir müssen der Tante noch einen Besuch abstatten. = *Dobbiamo ancora far visita alla zia.*

Traduzione italiana di Bruno Nacci, *Le voci di Marrakech*, © 1995 by Adelphi, Milano

Ginette [...] aveva ventidue anni e non era mai uscita dal Marocco. Era nata qui da madre italiana e da un padre inglese che era andato a Dakar e che di lei se ne infischiava.[1] Le piaceva molto sentire parlare l'inglese, in quanto le ricordava suo padre. Che mestiere facesse, perché avesse vissuto in Marocco e poi fosse andato a Dakar[2], non mi riuscì di saperlo.[3] Madame Mignon e la stessa Ginette lo menzionavano talvolta con fierezza e lasciavano intuire, senza dirlo apertamente,[4] che egli era sparito a causa della figlia. Sicuramente desideravano entrambe che fosse così, perché, visto che il padre non si curava affatto di Ginette, era pur sempre qualcosa che egli evitasse accuratamente la città dove lei viveva.[5] Della madre non parlavano mai;[6] avevo l'impressione che essa vivesse ancora a Marrakech, ma che loro non ne fossero molto fiere. Forse era povera, o magari non svolgeva un lavoro troppo dignitoso, o forse loro due non avevano una grande opinione degli italiani. Ginette sognava di visitare l'Inghilterra,[7] era un paese che la incuriosiva moltissimo.[8] Ma sarebbe andata volentieri dovunque, anche in Italia; aspettava un cavaliere che la portasse via dal Marocco.

La prima volta che Ginette mi rivolse la parola - con una certa timidezza, perché pensava che fossi inglese - era seduta davanti al banco; io sedevo alla sua destra e il suo ragazzo alla sua sinistra.[9] Domandò come procedeva il film che i miei amici stavano girando a Marrakech. Per lei non era un fatto da poco e, come capii ben presto, desiderava con tutta l'anima prendervi parte.[10]

[1] Il traduttore italiano anticipa l'ultimo elemento della frase (*da madre italiana*) perché il primo elemento (*da un padre inglese*) è seguito da due frasi relative, e la frase italiana, a differenza di quella tedesca, risulterebbe poco scorrevole. È giusto qui usare l'articolo indeterminativo davanti alla parola *padre,* perché è seguita da una specificazione, "che era andato a Dakar".

[2] Qui abbiamo il congiuntivo sia perché si tratta di un testo letterario, sia per l'anticipazione delle frasi interrogative indirette, sia per la negazione nella frase principale.

[3] *Non riuscii a saperlo / Non mi riuscì di saperlo.* "Können" nel significato di "gelingen, es fertigbringen" si traduce con il verbo *riuscire. Non potevo saperlo* significa in tedesco "ich konnte es nicht wissen".

[4] "Eigentlich" non si può tradurre qui con *veramente*, ma piuttosto con *apertamente / espressamente / chiaramente / esplicitamente.*

[5] *Significava comunque qualcosa che addirittura evitasse la città.* È necessario usare il congiuntivo nella secondaria retta da *significare* nel senso di *aveva importanza /era importante.* Tradurre "geradezu" con *accuratamente* è una traduzione troppo libera.

[6] La forma impersonale qui, come nei due casi successivi, è possibile, però è preferibile, come fa il traduttore, usare la costruzione personale riferita ai soggetti impliciti.

[7] È preferibile evitare qui l'oggetto diretto dopo il verbo *sognare* e ricorrere a una costruzione con *di* + infinito, in quanto Ginette non sogna il paese in sé quanto piuttosto desidera andarci. *Sognare* equivale in questo caso ad "herbeisehnen".

[8] *Sognava di fare un viaggio in Inghilterra, paese che era curiosa di visitare.* Dobbiamo riprendere il complemento di luogo (*in Inghilterra*) con la

parola *paese* perché altrimenti il pronome relativo verrebbe riferito all'oggetto (*viaggio*). Per quanto riguarda l'espressione *essere curiosi di* va ricordato che, a parte *esser curiosi di tutto*, essa non regge un sostantivo. Non si dice **sono curiosa dei risultati*, bensí: *sono curiosa di vedere / conoscere i risultati.*

[9] *E il suo giovane marito dall'altro lato.* Ci sembra meglio tradurre "ihr junger Mann" con *marito* sia perché in effetti a questo punto del racconto si sa che sono sposati, sia anche perché *giovane ragazzo* equivale piuttosto a "junger Freund".

[10] *Avrebbe fatto di tutto / chissà che cosa per partecipare al film.*

## 9. Wolfgang Borchert: *Das Brot*

Plötzlich wachte sie auf. Es war halb drei. Sie überlegte, warum sie aufgewacht war. Ach so! In der Küche hatte jemand gegen einen Stuhl gestoßen. Sie horchte nach der Küche. Es war still. Es war zu still und als sie mit der Hand über das Bett neben sich fuhr, fand sie es leer. Das war es, was es so besonders still gemacht hatte: sein Atem fehlte. Sie stand auf und tappte durch die dunkle Wohnung zur Küche. In der Küche trafen sie sich. Die Uhr war halb drei. Sie sah etwas Weißes am Küchenschrank stehen. Sie machte Licht. Sie standen sich im Hemd gegenüber. Um halb drei. In der Küche.

Auf dem Küchentisch stand der Brotteller. Sie sah, daß er sich Brot abgeschnitten hatte. Das Messer lag noch neben dem Teller. Und auf der Decke lagen Brotkrümel. Wenn sie abends zu Bett gingen, machte sie immer das Tischtuch sauber. Jeden Abend. Aber nun lagen Krümel auf dem Tuch. Und das Messer lag da. Sie fühlte, wie die Kälte der Fliesen langsam an ihr hochkroch. Und sie sah von dem Teller weg.

„Ich dachte, hier wär was“, sagte er und sah in der Küche umher.

„Ich habe auch was gehört“, antwortete sie und dabei fand sie, daß er nachts im Hemd doch schon recht alt aussah. So alt wie er war. Dreiundsechzig. Tagsüber sah er manchmal jünger aus. Sie sieht doch schon alt aus, dachte er, im Hemd sieht sie doch ziemlich alt aus. Aber das liegt vielleicht an den Haaren. Die machen dann auf einmal so alt.

„Du hättest Schuhe anziehen sollen. So barfuß auf den kalten Fliesen. Du erkältest dich noch.“

Sie sah ihn nicht an, weil sie nicht ertragen konnte, daß er log. Daß er log, nachdem sie neununddreißig Jahre verheiratet waren.
„Ich dachte, hier wäre was", sagte er noch einmal und sah wieder so sinnlos von einer Ecke in die andere, „ich hörte hier was. Da dachte ich, hier wäre was."



## Esercizi di approfondimento

**1.** Prima di tradurre, sottolineate nel testo tedesco (rr.1-16) con due colori differenti le forme dei verbi del passato ("Präteritum") usate **perfettivamente** o **imperfettivamente**. Attenzione agli indicatori temporali!

**2. Perfettivo / imperfettivo.** Traducete in italiano le seguenti frasi:

a. Plötzlich wachte sie auf. Es war halb drei. (r.1)

..............................................................................................................

b. Wenn sie schlafen ging, machte sie immer das Fenster auf.

..............................................................................................................

c. Sie saß auf dem Sessel, plötzlich klingelte es, und sie ging die Tür aufmachen.

..........................................................................................................

..........................................................................................................

d. Sie überlegte kurz, was sie machen sollte.

..........................................................................................................

e. Während sie überlegte, kam Karl.

..........................................................................................................

f. Auf dem Tisch waren noch die Essensreste, aber er war nicht da.

..........................................................................................................

g. Als Martha die Küchentür aufmachte, sah sie die Brösel auf dem Tisch.

..........................................................................................................

h. Wie waren die Ferien?

..........................................................................................................

**3.** La preposizione **"nach"** con valore locativo si traduce con *a*, *verso*, *in direzione di*, *per*, *in*; con valore modale si rende con *secondo*, *stando a*, *a giudicare da* (le ultime due locuzioni sono meno frequenti). La preposizione "nach" retta dai verbi "fragen", "sich erkundigen" (*chiedere notizie di*) si rende in italiano con *di*. A volte la costruzione nominale retta dalla preposizione "nach" deve essere resa con un'intera frase (vedi frasi g. e h.).

a. Sie horchte nach der Küche. (r.3)

...........................................................................................................

b. Ist das der Zug nach Paris?

...........................................................................................................

c. Ich muss nach Hause.

...........................................................................................................

d. Er hat nach dir gefragt.

...........................................................................................................

e. Max hat sich nach euch erkundigt.

...........................................................................................................

f. Er suchte vergeblich nach Worten.

...........................................................................................................

g. Ich fragte nach einer Nachricht für mich. (P. Handke)

...........................................................................................................

h. Sie bückte sich nach dem Bleistift.

...........................................................................................................

i. Nach dem, was man liest, soll der Präsident gelogen haben.

...........................................................................................................

j. Es geht ihr gut, zumindest nach ihrem letzten Brief zu urteilen.

...........................................................................................................

k. Nach dem Alten Testament ist Abraham uralt geworden.

..........................................................................................................

l. Hier riecht es aber nach Benzin.

..........................................................................................................

**4.** Il verbo **"aussehen"** (= *avere l'aspetto, avere l'aria, sembra che, assomigliare a...*). Traducete le seguenti frasi:

a. Auf diesem Photo sieht das Kind nicht wie sein Vater aus.

..........................................................................................................

b. Sie sah sehr müde aus.

..........................................................................................................

c. Er sieht sehr gut aus.

..........................................................................................................

d. Der Mann ist fünfzig, sieht aber nicht so alt aus.

..........................................................................................................

e. Es sieht so aus, als ob Anna nicht kommt.

..........................................................................................................

f. Er sah immer so aus, als käme er direkt aus dem Bett.

..........................................................................................................

g. Er sah wie ein Professor aus.

..........................................................................................................

**5.** Le diverse sfumature dei verbi **"liegen"** e **"stehen"**, che indicano la posizione verticale o orizzontale nello spazio, non sempre si possono rendere adeguatamente in italiano. Oltre al verbo *essere* (più raramente al verbo *stare*) si possono usare per "liegen": *essere posato* (solo per le cose), *essere sdraiato / disteso / coricato / giacere* (solo per le persone), *trovarsi*, *essere situato* in senso locativo.
Per "stehen": *stare in piedi.* Ricordate che in una frase enunciativa che comincia con un complemento di luogo bisogna usare *esserci* invece di *essere.*

a. Auf der Decke lagen Brotkrümel. (r.12)

........................................................................................................................

b. Die Leiche lag auf dem Boden.

........................................................................................................................

c. Auf dem Sofa lag die Krawatte des Toten. (F. Dürrenmatt)

........................................................................................................................

d. Seine Kleider lagen auf dem Bett.

........................................................................................................................

e. Er steht neben dem Bett.

........................................................................................................................

f. Neben dem Bett standen seine Eltern.

........................................................................................................................

g. Das Zimmer lag im zweiten Stock.

........................................................................................................................

h. An der Bushaltestelle standen viele Leute.

..............................................................................................................

Specchietto lessicale

**TISCH** *il tavolo*
*la tavola*

der Spieltisch, Küchentisch, Zeichentisch = *il tavolo da gioco, il tavolo della cucina, il tavolo da disegno*
einen Tisch im Restaurant reservieren = *prenotare un tavolo al ristorante*
sich zu Tisch setzen = *sedersi / mettersi a tavola*
den Tisch decken / abräumen = *apparecchiare /sparecchiare la tavola*
Das Mittagessen steht auf dem Tisch. = *Il pranzo è in tavola.*
Darüber werden wir beim Essen sprechen. = *Ne parleremo a tavola.*

Si svegliò all'improvviso. Erano le due e mezzo. Rifletté perché mai si era svegliata.[1] Ah, ecco! In cucina qualcuno aveva urtato contro una seggiola.[2] Tese l'orecchio in direzione della cucina. C'era silenzio.[3] C'era troppo silenzio e quando lei allungò la mano[4] sul letto accanto a sé, lo trovò vuoto. Ecco cos'era a rendere quel silenzio così particolare[5]: mancava il suo respiro. Si alzò e si avviò a tastoni[6] attraverso il buio dell'appartamento verso la cucina. In cucina si incontrarono. L'orologio segnava le due e mezzo. Lei vide qualcosa di bianco vicino alla credenza della cucina. Accese la luce. Se ne stavano in camicia[7] l'uno di fronte all'altro. Di notte. Alle due e mezzo. In cucina.

Sul tavolo della cucina[8] c'era il piatto del pane. Vide che lui si era tagliato del pane. Il coltello giaceva[9] ancora accanto al piatto. E sulla tavola c'erano delle briciole di pane. Quando andavano a letto, la sera, lei puliva sempre la tovaglia. Ogni sera. Ma adesso c'erano delle briciole di pane. E c'era il coltello. Sentiva come il freddo delle piastrelle le serpeggiasse piano su per il corpo.[10] E distolse lo sguardo dal piatto.

"Credevo che ci fosse qualcosa", disse lui e si guardò intorno per la cucina[11].

"Ho udito anch'io qualcosa",[12] rispose lei trovando nel contempo che lui di notte, in camicia, aveva un aspetto già molto invecchiato.[13] Dimostrava tutti i suoi anni. Sessantatré. Di giorno, a volte, sembrava più giovane. È proprio vecchia, pensava lui, in camicia sembra proprio molto vecchia. Ma forse dipende sempre dai capelli. Sono i capelli che le[14] invecchiano così d'un tratto.

"Avresti dovuto metterti le scarpe. Così scalza sulle piastrelle fredde. Ti prenderai un raffreddore".[15]

Lei non lo guardò perché non poteva sopportare che lui mentisse. Che mentisse dopo che erano sposati da trentanove anni.[16]

"Credevo che ci fosse qualcosa", disse lui ancora una volta muovendo di nuovo lo sguardo senza motivo da un angolo all'altro, "ho sentito qualcosa da questa parte. Allora ho pensato che ci fosse qualcosa".

---

[1] *Si chiese perché / come mai si era / si fosse svegliata.* Il verbo riflettere in italiano ha una connotazione più forte rispetto al tedesco ed è quindi usato più raramente, inoltre regge la preposizione *su: rifletté sul motivo per cui.*

[2] *Qualcuno aveva urtato una sedia.*

[3] *Tutto taceva.* "Es war still", nel senso impersonale, non si può tradurre: *era silenzioso.*

[4] *Quando passò con la mano sul letto.*

[5] *Ecco qual era il motivo di quel profondo silenzio.* Non è che il silenzio sia particolare, come appare nella traduzione italiana.

[6] "tappen", quando è espresso il complemento di moto a luogo ("zur Küche"), come altri verbi tedeschi che esprimono un modo di muoversi, viene reso in italiano con un verbo di movimento seguito da un

complemento di modo (*camminare a tastoni verso* ...) o da un gerundio (*camminare barcollando verso* ...).

La voce *brancolare*, fornita come prima traduzione da alcuni dizionari, si usa solo in senso figurato nell'espressione *brancolare nel buio*.

[7] Meglio: *in camicia da notte*.

[8] Quando è espressa la funzione specifica si usa il sostantivo maschile *tavolo*: *tavolo da cucina, tavolo da ping-pong*. Il sostantivo femminile *tavola* rimanda piuttosto al tavolo dove si consumano i pasti tra le pareti domestiche e alla funzione conviviale.

[9] Piuttosto: *era posato accanto*. *Giacere* si usa assai di rado con oggetti inanimati e per le persone nel caso di morti e malati gravi. (Vedi l'esercizio 5).

[10] Anche: *sentì il freddo delle piastrelle salirle pian piano su per il corpo*.

[11] *In cucina*.

[12] *"Anch'io ho sentito qualcosa"*; *udire* è ormai antiquato.

[13] *E guardandolo trovò che lui di notte, in camicia, sembrava già piuttosto vecchio*. Il tedesco "dabei" si può tradurre con gli avverbi *intanto, nel contempo*, spesso anche con il gerundio di un verbo adeguato al contesto.

[14] Il pronome *le* è un'aggiunta arbitraria.

Per tradurre il dimostrativo tedesco "die" all'inizio della frase il traduttore sceglie una costruzione marcata, *sono i capelli che*, anticipando il verbo e riprendendo il sostantivo con il pronome relativo; in effetti non sarebbe bello iniziare in italiano la frase con *Quelli* o *essi fanno sembrare così vecchi*. In alternativa potremmo unire le due frasi: *dipende dai capelli che rendono ad un tratto così vecchi*.

[15] *Prenderai freddo*.

[16] *Dopo trentanove anni di matrimonio*.

## 10. Alfred Andersch: *Die Rote*

Fabio hatte die Violine in der Orchestergarderobe deponiert und war mit ein paar Kollegen zum Mittagessen gegangen; vor großen Proben, die den ganzen Nachmittag dauerten, aßen die Musiker meistens zusammen in einem Lokal in der Nähe des Theaters; sie stimmten sich in lauten Tischgesprächen aufeinander ein, kritisierten den Maestro, die Operndirektion, die Sänger, oder sie politisierten. Der alte Simoni, der im 'Orfeo' eine der drei Baßgamben zu spielen hatte, verwickelte Fabio in ein Gespräch über die Frage seiner Pensionsberechtigung und die Höhe der Pension, die er zu erwarten hatte. Gemeinsam erwogen sie das Verhältnis der monatlichen Geldsumme zu Simonis familiären Verpflichtungen - natürlich reichte sie nicht, und Simoni würde Privatstunden zu geben haben, um zurechtzukommen - und Fabio dachte darüber nach, daß auch er eines Tages pensionsberechtigt sein würde. Der Gedanke, daß er sein Leben als Pensionär beschließen würde, als Pensionär des Teatro Fenice, als Pensionär der Musik, amüsierte ihn. Es war kurios, sein Leben als Revolutionär zu beginnen und als pensionierter Musiker zu beenden. Immerhin war es besser, dachte er, ein pensionierter Musiker, statt ein pensionierter Revolutionär zu sein. Die Welt war voller Revolutionäre, die sich hatten pensionieren lassen, und ihre Ruhegehälter waren meistens höher als das Almosen, das man dem alten Simoni zahlte. Es war eine Ungerechtigkeit.

Esercizi di approfondimento

1. **Haben + zu + infinito** si traduce con *dovere* + infinito o espressioni idiomatiche.
   Attenzione alla differenza tra *avere da fare* ("zu tun haben") e *avere a che fare con qualcuno o qualcosa* ("damit zu tun haben").

a. Simoni hatte im "Orfeo" eine der Geigen zu spielen. (r.7)

..........................................................................................................

b. Simoni fragte sich, ob er nach der Pensionierung eine finanzielle Verschlechterung zu erwarten hätte.

..........................................................................................................

..........................................................................................................

c. Was hast du hier zu suchen?

..........................................................................................................

d. Das hat mit unserem Thema nichts zu tun.

..........................................................................................................

e. Simoni würde Privatstunden zu geben haben. (r.12)

..........................................................................................................

f. Ich habe noch etwas zu erledigen und dann bin ich für Sie da.

..........................................................................................................

**2. Frasi infinitive.** Attenzione alle frasi in cui l'infinito è preceduto da una preposizione. Ricordate che dopo un'espressione impersonale (*è* + agg. / sost.) segue l'infinito senza preposizione. Es.: *È bello / È un piacere stare sdraiati sulla spiaggia.*

a. Es war merkwürdig, sein Leben als verkanntes Genie zu beenden.

..........................................................................................................

b. Immerhin war es besser, ein pensionierter Musiker statt ein pensionierter Revolutionär zu sein. (r.18)

..........................................................................................................

..........................................................................................................

c. Es ist durchaus möglich, die nicht gelösten Fahrkarten erstattet zu bekommen.

..........................................................................................................

..........................................................................................................

d. Wir beschlossen, auf die Reise zu verzichten.

..........................................................................................................

e. Wir ziehen vor, mit der Bahn zu verreisen.

..........................................................................................................

f. Miriam denkt überhaupt nicht daran, Oliver zu heiraten.

..........................................................................................................

**3. "meist"** come aggettivo si traduce *la maggior parte.* (Es.: die meisten Menschen = *la maggior parte delle persone*).

**"meistens"**: avverbio di tempo: *abitualmente, di solito, quasi sempre.*

**"am meisten"**: si traduce con un superlativo. (Es.: Am meisten mag er Tennis spielen = *Più di tutto / Più di ogni altra cosa gli piace giocare a tennis.*)

a. Die Musiker aßen meistens in der Kantine.

..........................................................................................................

b. Am meisten hasse ich es, früh aufzustehen.

..........................................................................................................

c. Die meisten Leute essen in Italien nicht vor acht Uhr zu Abend.

..........................................................................................................

d. Ihre Gehälter sind meistens höher als die der anderen Angestellten.

..........................................................................................................

**4. lassen + infinito** (*fare* o *lasciare*? Vedi testo 4 es. 6)

a. Meine Kollegin will sich sicher nicht vorzeitig pensionieren lassen.

..........................................................................................................

b. Ich lasse mein Auto jedes Jahr in der Werkstatt überholen.

..........................................................................................................

c. Lass mich in Ruhe, bitte!

.......................................................................................................................

d. Er hat uns ausdrücklich gebeten, die italienischen Zeitungen auf dem Tisch liegen zu lassen.

.......................................................................................................................

.......................................................................................................................

e. Ich ließ mich von dem Polizisten nicht einschüchtern.

.......................................................................................................................

f. Jims Freundin ließ sich früher die Haare immer ganz kurz schneiden.

.......................................................................................................................

g. Ich lasse mir das nicht zweimal sagen.

.......................................................................................................................

**5. Il secondo termine di paragone** dopo il comparativo di maggioranza o di minoranza è introdotto da ***di*** o ***che*** (in tedesco **"als")**. Se si paragonano due nomi o due pronomi in base ad una qualità espressa da un aggettivo, il secondo termine di paragone è retto da *di* (es.: *quel bambino è più chiacchierone del compagno di banco. Tu sei molto più puntuale di me.*) Se si paragonano direttamente due categorie sintattiche (due verbi, due avverbi, due aggettivi, due sostantivi retti da preposizione) si adopera *che* (es.: *quell'apriscatole è più bello che funzionale. È meglio andare in centro in autobus che in macchina*).

Quando il secondo termine di paragone è un'intera frase, questa può essere introdotta da *di quanto* + o da *di quello che* + congiuntivo o indicativo (es.: *è più simpatica di quanto tu creda / credi*). Completate le frasi:

a. *È più difficile cantare da solisti ………… cantare in un coro.*

b. *È meglio essere un musicista in pensione ……… essere un rivoluzionario in pensione.*

c. *I nostri stipendi sono più alti ......... quelli dei nostri colleghi italiani.*

d. *È sempre meglio arrivare alle prove in anticipo ……...... in ritardo.*

e. *È meglio mangiare al ristorante vicino al teatro ……..... alla mensa.*

f. *Questa sonata è molto più difficile ……………… pensassi.*

g. *Questo pezzo è più orecchiabile ......... altro.*

h. *Questo pezzo mi sembra più vivace ……..... drammatico.*

i. *Sai se La Fenice è più vecchia ………… Scala di Milano?*

j. *Questo teatro è molto più piccolo ……….. sembra da fuori.*

**FRAGE** *domanda*
*questione*
*problema*
*discussione*

eine Frage stellen = *fare / porre una domanda*
jdm eine Frage stellen = *rivolgere una domanda a qno*
Was für eine Frage! = *Che domanda!*
Es ist eine Frage der Zeit. = *È questione di tempo.*
Die Frage bleibt offen. = *La questione / il problema resta aperta/o.*
Das ist eben die Frage. = *Qui sta il problema. / Questo è il punto.*
Das ist eine andere Frage. = *È tutta un'altra cosa. / È un altro paio di maniche.*
Das steht außer Frage. = *È fuori discussione.*
in Frage stellen = *mettere in dubbio / in discussione*
Das kommt nicht in Frage. = *Non se ne parla neanche.*

Traduzione italiana di Ervinio Pocar, *La rossa*, © 1961 by Mondadori, Milano

Fabio aveva depositato il violino nella guardaroba[1] dell'orchestra e con un paio di colleghi era andato a colazione[2]; prima delle grandi prove che duravano tutto il pomeriggio i sonatori[3] mangiavano per lo più tutti insieme in un locale nei pressi del teatro; con rumorosi dibattiti conviviali[4] si accordavano[5] tra loro, criticavano il maestro[6], la direzione dell'opera, i cantanti, oppure facevano della politica[7]. Il vecchio Simoni che nell'Orfeo doveva suonare una delle tre viole da gamba[8], inviluppò Fabio in una conversazione sul problema del suo diritto alla pensione e sull'ammontare della somma che doveva aspettarsi.[9] Insieme considerarono il rapporto fra la somma mensile e gli obblighi familiari di Simoni - naturalmente non era sufficiente e Simoni avrebbe dovuto dare lezioni private per cavarsela[10] - e Fabio pensò che un giorno avrebbe avuto anche lui diritto alla pensione. L'idea di conchiudere[11] la vita come pensionato, pensionato del teatro Fenice, pensionato della musica, lo divertiva[12]: era buffo incominciare la vita[13] come rivoluzionario e finirla come sonatore in pensione. Comunque fosse, però, era sempre meglio[14] un musicista in pensione che un rivoluzionario in pensione. Il mondo era pieno di rivoluzionari che si erano fatti pensionare[15] e la loro pensione era per lo più maggiore[16] dell'elemosina che si dava al vecchio Simoni. Era un'ingiustizia.

[1] È più usato al maschile: *il guardaroba.* Qui, come in altri punti, la traduzione risulta un po' datata (per esempio *sonatori* invece di *suonatori*).

[2] *Era andato a pranzo.*

[3] *Musicisti, orchestrali.*

[4] *Parlando a tavola a voce alta.*

[5] È bello qui *accordarsi* perché si mantiene l'allusione alla musica. Potremmo anche trovare altre soluzioni più libere, ad es. *creavano un'atmosfera di reciproco accordo.*

[6] *Il direttore d'orchestra,* è più usato di *maestro.*

[7] *Discutevano di politica.*

[8] Il *violone.*

[9] *Coinvolse Fabio in una discussione riguardante il suo diritto alla pensione e sull'ammontare di questa.* Il verbo italiano *inviluppare* è sinonimo di *avvolgere.*

[10] *Per riuscire a farcela / per arrotondare il bilancio / per sbarcare il lunario.*

[11] *Concludere la sua vita da pensionato del Teatro La Fenice.* (Questo è il nome del teatro veneziano).

[12] Anche*: lo divertì*, se si vuole sottolineare l'aspetto ingressivo.

[13] *Cominciare la propria vita.* Il possessivo o si omette o si usa *proprio* (non *suo*!) trattandosi di un'affermazione di carattere generale.

[14] *Era comunque /pur sempre meglio.*

[15] *Che erano andati in pensione.*

[16] *E la loro pensione quasi sempre era più alta della miseria che pagavano a Simoni.* "Ihre Ruhegehälter" viene giustamente tradotto al singolare, non si tratta infatti delle singole pensioni, ma della pensione come diritto comune. "Almosen" si può tradurre letteralmente; abbiamo preferito ricorrere all' espressione idiomatica *guadagnare / pagare una miseria.* Invece della forma impersonale di terza persona singolare, *si dava*, è preferibile quella

con la terza persona plurale, *pagavano*, in questo caso infatti l'azione in questione viene limitata ad altri, senza coinvolgere il parlante e senza assumere un valore generale.

## 11. Peter Handke: *Die Stunde der wahren Empfindung*

Sie verließen gemeinsam die Wohnung. Sie nahm den Aufzug, er ging die Treppe hinunter, auf der Straße trafen sie sich wieder und trennten sich zugleich, Beatrice mit einem ernsten, aber unbekümmerten Gesicht, ohne Worte, als sei das weitere schon geregelt. Bis dann, bis morgen. Und heute? Er würde zur Arbeit zurückkehren; um sechs im Elyséepalast an einer Pressekonferenz zum neuen Regierungsprogramm teilnehmen; um neun bei sich zu Hause mit einem österreichischen Schriftsteller, der gerade in Paris wohnte, zu Abend essen (eine der in seinem Budget vorgesehenen sitzenden Veranstaltungen); und nachher wohl müde genug sein zum traumlosen Schlafen. Ein volles Programm, dachte er dankbar, kein freier Moment, alles geregelt bis zum Ausschalten der Nachttischlampe gegen Mitternacht. Zumindest heute war jede Minute schon vorgesehen; keine gefährlichen überflüssigen Bewegungen; die Wonnen eines vollen Terminkalenders. – Und wirklich kam er sich bei diesem Gedanken wonnig umhegt vor. Unbesorgt konnte er also die Augen heben, und die Welt lag vor ihm, als hätte sie bis jetzt nur auf ihn gewartet.

Esercizi di approfondimento

1. **Frasi modali** con ***come se*** + congiuntivo imperfetto o trapassato.

a. Beatrice sagte nichts, als sei alles schon geregelt.

..........................................................................................................

b. Sie schaute uns an, als wären wir Fremde.

..........................................................................................................

c. Agnes spricht so gut Italienisch, als sei sie in Italien geboren.

..........................................................................................................

d. Sie verhielten sich, als ob sie sich gestritten hätten.

..........................................................................................................

e. Die Welt lag vor ihm, als hätte sie nur auf ihn gewartet. (r.17)

..........................................................................................................

2. **Discorso indiretto libero. Futuro nel passato**. Leggete il seguente brano tratto dal romanzo *Gli indifferenti* di Alberto Moravia. Come nel testo di Handke si tratta di un discorso indiretto libero: il protagonista pensa a come sarà la sua giornata. Può sorprendere la compresenza del futuro nel passato, espresso dal condizionale composto, con deittici temporali del tipo *oggi.* Pensate però che quell' *oggi* è all'interno di una narrazione che è comunque al passato e che il discorso indiretto libero omette: *Lui pensò che....* Provate a tradurre il brano in tedesco.

*Come oggi Leo sarebbe venuto, li avrebbe invitati, lui e la sorella, ad un giro in automobile ...subito detto, subito accettato... e dopo il giro, dove sarebbero andati a prendere il tè? ... In casa di Leo, già, in casa di Leo, dove Carla sarebbe venuta volentieri, rassicurata dalla presenza del fratello ... sarebbero tutti e tre discesi davanti a quella porta, avrebbero salito insieme quella scala, lentamente, la fanciulla per prima, poi i due uomini [....] E dopo aver visitato, ammirato la casa, eccoli tutti e tre, in quella luce blanda del pomeriggio, nel piccolo salotto di Leo, tutti e tre con i loro pensieri differenti.*

3. **L'indefinito "kein", prima di un sostantivo singolare,** si traduce di solito con *non* + verbo, con o senza articolo determinativo (es.: Ich habe kein Auto. = *Non ho la macchina.* Ich habe keine Lust. = *Non ho voglia*). Nel senso di "nicht einmal" o di "kein einziger" abbiamo *non* + verbo + *neanche* + articolo indeterminativo + sostantivo. (Es.: Ich habe kein einziges spanisches Buch. = *Non ho neanche un libro spagnolo.*), oppure con il sostantivo al plurale, senza articolo: (*Non ho libri spagnoli.*). In altri casi (frasi b. e c.) si ricorre a forme idiomatiche.

a. Er hatte den ganzen Tag keinen freien Moment gehabt.

........................................................................................................

b. Es ist keine Frage des Geldes.

........................................................................................................

c. Ich habe kein Auge zugemacht.

..........................................................................................

d. Du hast kein einziges Mal an mich gedacht.

..........................................................................................

e. Auf dem Spielplatz waren keine Kinder mehr da.

..........................................................................................

f. Hab keine Angst!

..........................................................................................

g. Für die Broschüre musste ich keinen Pfennig zahlen.

..........................................................................................

h. Ich habe keinen Freund in dieser Stadt.

..........................................................................................

4. **L'indefinito "jeder",** si traduce *ciascuno* (aggettivo e pronome), *ogni* (aggettivo), *ognuno* (pronome) solo quando è nel senso "jeder Einzelne", altrimenti si usa piuttosto il plurale *tutti*. Nell'accezione "jeder Beliebige" si rende con l'indefinito *qualunque*, *qualsiasi*.

a. Jeder weiß, wovon ich rede.

..........................................................................................

b. An dem Tag war jede Minute vorgeplant, keine überflüssigen Bewegungen.

..............................................................................................................

..............................................................................................................

c. Jeder Kursteilnehmer musste ein kurzes Referat halten.

..............................................................................................................

d. Er würde jeden Job machen. Leider hat er bis jetzt keine Arbeit gefunden.

..............................................................................................................

e. Jeder, der schon einmal im Krankenhaus gelegen hat, weiß, wie früh man dort aufstehen muss.

..............................................................................................................

..............................................................................................................

**5.** Traducete facendo attenzione alla diversa funzione di **aggettivi e avverbi.**

a. Ein voller Terminkalender. (r.15) ..................................................

Er hat sich voll auf die Arbeit konzentriert. ..........................................

b. Können Sie es mir kurz erklären? ..................................................

Das Konzert war schön, aber leider zu kurz.

..............................................................................................................

c. Die Sache ist ernst. ..........................................................................................

Er war ernsthaft daran interessiert. ...........................................................

d. Sie hatte keine freie Minute. .....................................................................

Er kann nicht frei entscheiden. ..................................................................

e. Sie fährt gefährlich. ..................................................................................

Darauf zu klettern ist zu gefährlich. ..........................................................

f. Er kam sich glücklich vor. ..........................................................................

Er ist glücklich verheiratet. .......................................................................

Specchietto lessicale

**WOHNUNG** *casa*
*appartamento*
*alloggio / abitazione*

die Wohnung verlassen = *uscire di casa*
Ich habe eine schöne Wohnung. = *Ho una bella casa.*
Ich habe eine Dreizimmerwohnung. = *Ho un appartamento / una casa di tre stanze.*
zur Miete wohnen = *essere in affitto*
eine Wohnung mieten / vermieten = *prendere in affitto / affittare*
Der neue Mieter ist gestern in die Wohnung eingezogen. = *Il nuovo inquilino ha traslocato ieri.*
Wohnungsnot = *la scarsità di alloggi*
Sozialwohnung = *casa popolare*

Traduzione italiana di Lodovico Bianchi, *L'ora del vero sentire*, © 1992 by Garzanti, Milano

Lasciarono insieme l'alloggio.[1] Lei prese l'ascensore, lui scese le scale,[2] in strada[3] s'incontrarono nuovamente e subito[4] si separarono, Beatrice con una faccia[5] seria, ma non preoccupata, senza parole, come se tutto il resto fosse già sistemato. A poi,[6] a domani. E oggi? Lui sarebbe tornato al lavoro; alle sei avrebbe partecipato a una conferenza stampa all'Elysée[7], sul nuovo programma governativo; alle nove avrebbe cenato a casa propria[8], con uno scrittore austriaco che in quei giorni stava[9] a Parigi (uno dei "ricevimenti seduti" preventivati nel suo bilancio)[10]; e poi sarebbe stato certo abbastanza stanco da dormire senza sognare.[11] Un programma pieno, pensò con gratitudine[12], neanche un momento libero, tutto regolato fino al momento in cui, a mezzanotte, avrebbe spento la lampada sul comodino. Almeno per oggi ogni minuto era già previsto; nessun movimento superfluo e pericoloso; le delizie di un'agenda completa.[13] Poté[14] dunque alzare tranquillamente gli occhi[15], e il mondo gli si stendeva dinanzi[16] come se fino ad ora[17] non avesse aspettato che lui.

---

[1] *Uscirono insieme di casa.* Questa soluzione, meno letterale, è preferibile. Per quanto riguarda "Wohnung" / *casa* si veda lo specchietto a pag. 107.

[2] *Lui andò giù / scese a piedi.*

[3] Anche *per strada*, ma non *sulla strada* che indica piuttosto un moto a luogo (*Si trovava sulla strada per Roma.* = auf dem Weg nach Rom).

[4] Sembra anche a noi meglio tradurre “trennten sich zugleich” con *per subito separarsi* piuttosto che letteralmente con *contemporaneamente* o *allo stesso tempo.*

[5] *Viso* è una parola di registro leggermente più alto rispetto a *faccia.* Per quanto riguarda l’aggettivo “unbekümmert” nel vocabolario troviamo *spensierato* e *incurante* aggettivi che di solito non vengono usati in combinazione alla parola *viso, faccia* e che comunque in questo contesto, data anche la conpresenza dell’aggettivo *serio*, non corrispondono al senso della parola tedesca. Va bene quindi la soluzione scelta dal traduttore.

[6] *A dopo / A più tardi.*

[7] *Al Palazzo dell’Eliseo.*

[8] È anche sufficiente *a casa,* o, in alternativa, *a casa sua,* che secondo noi non ingenera degli equivoci.

[9] *Che si trovava,* oppure anche *che viveva in quel periodo a Parigi*, se si suppone che lo scrittore abbia una casa a Parigi dove risiede in quel momento.

[10] Ecco una delle complesse frasi participiali così tipiche del tedesco in cui molti attributi precedono il sostantivo: in italiano una certa libertà di traduzione è più che legittima per non appesantire la frase. Come alternativa: *una delle manifestazioni in cui si poteva star seduti previste nel suo budget.*

[11] Alla costruzione nominale tedesca (vedi anche più avanti “bis zum Ausschalten der Nachttischlampe”) è preferibile in italiano una costruzione consecutiva implicita con *da* + infinito.

[12] È anche possibile l’aggettivo *grato.*

[13] Il traduttore omette la frase seguente, del resto molto difficile da tradurre. Noi proponiamo: *A quel pensiero si sentì deliziosamente protetto* oppure

più liberamente: *si sentì in paradiso / si sentì come avvolto nella bambagia* ( = *ovatta, morbido cotone*; questo termine si ritrova in espressioni figurate come: *vivere nella bambagia, tenere i figli nella bambagia*, cioè in un ambiente molto protetto).

[14] Anche *poteva*, nel senso della descrizione di una possibilità.

[15] *Sollevare lo sguardo.*

[16] *Giaceva ai suoi piedi.*

[17] *Fino a quel momento*. Pur trattandosi di una narrazione al passato in questo particolare tipo di testo, con una forte dimensione soggettiva, i deittici temporali ("heute", "morgen", "jetzt") possono essere tradotti letteralmente. Cfr. la nota 1 a pag. 31.

## 12. Friedrich Dürrenmatt: *Der Richter und sein Henker*

Noch am gleichen Morgen ging Bärlach – nachdem er schon einmal mit Biel telefoniert hatte – zu der Familie Schönler an der Bantigerstraße, wo Schmied gewohnt hatte. [...]

Es war Frau Schönler selbst, die öffnete, eine kleine, dicke, nicht unvornehme Dame, die Bärlach sofort einließ, da sie ihn kannte.

„Schmied mußte diese Nacht dienstlich verreisen“, sagte Bärlach, „ganz plötzlich mußte er gehen, und er hat mich gebeten, ihm etwas nachzuschicken. Ich bitte Sie, mich in sein Zimmer zu führen, Frau Schönler.“

Die Dame nickte, und sie gingen durch den Korridor an einem großen Bilde in schwerem Goldrahmen vorbei. Bärlach schaute hin, es war die Toteninsel.

„Wo ist Herr Schmied denn?“ fragte die dicke Frau, indem sie das Zimmer öffnete.

„Im Ausland“, sagte Bärlach und schaute nach der Decke hinauf.

Das Zimmer lag zu ebener Erde, und durch die Gartentüre sah man in einen kleinen Park, in welchem alte, braune Tannen standen, die krank sein mußten, denn der Boden war dicht mit Nadeln bedeckt. Es mußte das schönste Zimmer des Hauses sein. Bärlach ging zum Schreibtisch und schaute sich aufs neue um. Auf dem Diwan lag eine Krawatte des Toten. „Herr Schmied ist sicher in den Tropen, nicht wahr, Herr Bärlach?“, fragte ihn Frau Schönler neugierig. Bärlach war etwas erschrocken: „Nein, er ist nicht in den Tropen, er ist mehr in der Höhe.“

Frau Schönler machte runde Augen und schlug die Hände über dem Kopf zusammen. „Mein Gott, im Himalaya?“ [...]
Bärlach ging zur Türe: „Hin und wieder werde ich einen Beamten schicken oder selber kommen. Schmied hat noch wichtige Dokumente hier, die wir vielleicht brauchen.“
„Werde ich von Herrn Schmied eine Postkarte aus dem Ausland erhalten?“ wollte Frau Schönler noch wissen.
„Mein Sohn sammelt Briefmarken.“

Aus Friedrich Dürrenmatt: *Der Richter und sein Henker*, 1968 © by Diogenes Verlag, Zürich

## Esercizi di approfondimento

**1. Il trapassato remoto,** che indica un'azione anteriore rispetto a quella della principale, si usa in italiano solo in frasi temporali introdotte da *dopo che*, *appena*, se nella frase principale c'è un passato remoto. Quando i soggetti delle due frasi sono eguali si preferisce una frase implicita con *dopo* + infinito passato.

In quali delle seguenti frasi usereste il trapassato remoto?

a. Nachdem er noch einmal mit Biel telefoniert hatte, ging Bärlach zu der Familie Schönler. (r.1)

.....................................................................................................................

.....................................................................................................................

b. Da er in den letzten Monaten viel ausgegeben hatte, musste er sich Geld vom Vater borgen.

..........................................................................................................

..........................................................................................................

c. Nachdem sie zurückgekommen war, erzählte sie mir, wie es gewesen war.

..........................................................................................................

d. Er las ein Buch, das ihm ein Freund ausgeliehen hatte.

..........................................................................................................

e. Nachdem sie mit dem Chef gesprochen hatten, bestellten sie ein Taxi.

..........................................................................................................

**2. L'aggettivo o pronome dimostrativo *stesso/a*** ("der/die/das gleiche", "der/die/dasselbe", "selbst", "persönlich"; "noch", "trotzdem"). Traducete in tedesco le seguenti frasi:

a. *La mattina stessa tornò a casa.* ..............................................

b. *Faccio sempre gli stessi errori.* ..............................................

c. *Verrò a trovarti domani stesso.* ..............................................

d. *Abitano nella stessa casa di Anna.* ..............................................

e. *Per me è lo stesso.* ..............................................

f. *Lo compro lo stesso.* ..............................................

g. *Venne il presidente stesso.* ..............................................

h. *È uno stile classico e al tempo stesso moderno.*

........................................................................................................

**3. La reggenza del verbo** (vedi anche es. 3 testo 2). Traducete le seguenti frasi:

a. Ich habe mit ihm telefoniert. ............................................................

b. Sie hilft den Schülern. ............................................................

c. Sie schauten nach dem Kranken. ............................................................

d. Sie zeigte auf die Bücher. ............................................................

e. Markus blätterte in der Zeitung. ............................................................

f. Er interessiert sich für Kunst. ............................................................

g. Ich muss an die Freunde schreiben. ............................................................

h. Erinnerst du dich an das Mädchen? ............................................................

**4. La frase relativa implicita** (*a* + infinito) - fermo restando il fatto che presuppone l'identità di soggetto fra frase principale e frase secondaria - si usa in italiano:

1) in dipendenza di un numerale ordinale, di un sostantivo o aggettivo che indichi la posizione in una serie (*ultimo, penultimo;* es.: *Mara è sempre l'ultima ad andarsene*) o l'esclusività (*l'unico*, *il solo*; es.: *Fu l'unico ad alzare la mano*);

2) quando un elemento nuovo della frase viene messo in rilievo dal verbo

*essere*, prima o dopo la relativa implicita (es.: *Fu lui a prestarmi i soldi / A prestarmi i soldi, fu lui*).

a. Es war Frau Schönler selbst, die öffnete. (r.4)

......................................................................................................

b. Er war der einzige, der mich verstand!

......................................................................................................

c. Die letzte, die die Klasse verließ, war die Lehrerin.

......................................................................................................

d. Es war mein bester Freund, der es mir sagte.

......................................................................................................

5. **Aggettivo e avverbio** sono in tedesco spesso identici morfologicamente. Distinguete, nelle le frasi seguenti, le due funzioni e traducete di conseguenza.

a. Max fragte erschrocken: „Ist es wirklich wahr?“

......................................................................................................

b. Er wurde streng bestraft.

......................................................................................................

c. Er sprach sehr aufmunternd und ernst zu mir. (E. Canetti)

......................................................................................................

d. Er wird verächtlich mit den Schultern zucken.

..........................................................................................................

e. Er sieht mich ungeduldig an.

..........................................................................................................

f. „Herr Schmied ist sicher in den Tropen, nicht wahr Herr Bärlach?“ fragte ihn Frau Schönler neugierig. (r.21)

............................................................................................................

..........................................................................................................

g. Sie kommen nie pünktlich zu den Verabredungen.

..........................................................................................................

h. Er schickte mir pünktlich die Unterlagen.

..........................................................................................................

Specchietto lessicale

| | |
|---|---|
| **TÜR** | *porta* |
| | *portiera / sportello* |
| **TOR** | *portone (del caseggiato, della scuola, della caserma)* |
| | *cancello del giardino / i cancelli della fabbrica* |
| | *porta di città* |
| | *porta (= goal, rete, nel calcio)* |

Tür an Tür wohnen = *abitare porta a porta*
Weihnachten steht vor der Tür. = *Natale è alle porte.*
zwischen Tür und Angel = *su due piedi*
jemanden vor die Tür setzen = *mettere qualcuno alla porta*
mit der Tür ins Haus fallen = *agire precipitosamente*
Er hat mir die Tür vor der Nase zugeschlagen. = *Mi ha sbattuto la porta in faccia.*
*prendere la porta* = sich davonmachen
ein Tor erzielen = *segnare un goal*
Torwart = *portiere*

Traduzione italiana di Enrico Filippini, *Il giudice e il suo boia*, © 1990 by Feltrinelli, Milano

La mattina stessa Bärlach - dopo aver parlato al telefono con Bienne[1] - si recò dalla famiglia Schönler, nella Bantigerstrasse, dove Schmied abitava[2]. [...]

Venne ad aprire la stessa signora Schönler,[3] una donnetta piccola, grassa, non priva di una certa distinzione[4], conosceva Bärlach e lo fece entrare subito.[5]

“Schmied stanotte è partito per ragioni di servizio”,[6] disse Bärlach: “ha dovuto partire improvvisamente e mi ha pregato di spedirgli qualcosa.[7] Vorrei andare nella sua stanza,[8] signora Schönler.”

La donna assentì[9]: attraversarono il corridoio passando davanti a un gran quadro in una pesante cornice dorata.[10] Bärlach diede un’occhiata[11]: era “L’isola dei morti.”

“Dov’è andato il signor Schmied?” chiese la donnetta[12] aprendo la porta.

“All’estero,” disse Bärlach, e alzò gli occhi a guardare il soffitto.[13]

La camera si trovava al pianterreno,[14] oltre la porta che dava sul giardino si vedevano i vecchi abeti di un piccolo parco; dovevano essere ammalati[15] perché il suolo era coperto da uno spesso strato di aghi.[16] Quella doveva essere la più bella stanza di tutta la casa. Bärlach si avvicinò alla scrivania e si guardò in giro di nuovo. Sul sofà c’era una cravatta di Schmied.[17]

“Il signor Schmied sarà certo in Africa,[18] è vero, signor Bärlach?” chiese, piena di curiosità, la signora Schönler. Bärlach sobbalzò[19]: “No, non in Africa, più in alto.”

La signora Schönler spalancò gli occhi[20] e congiunse le mani al di sopra della testa.[21] "Dio mio! Nell'Himalaya?" [...]

Bärlach si avvicinò alla porta: "Ogni tanto manderò qui un agente, oppure verrò io stesso. Schmied ha ancora alcuni documenti importanti che forse ci serviranno."

"Chissà se il signor Schmied mi manderà una cartolina dall'estero?"[22] chiese ancora la signora Schönler.

"Mio figlio fa la raccolta dei francobolli."

---

[1] *Dopo che ebbe telefonato a Bienne.* Si ricordi che il verbo telefonare non va con la preposizione *con*. Biel è una località svizzera, nota in italiano con il nome francese di Bienne.

[2] Essendo Schmied già morto va rispettato qui il "Plusquamperfekt" e tradurremo quindi: *aveva abitato.*

[3] *Ad aprirgli la porta fu la signora Schönler in persona. / Fu la stessa signora Schönler che gli aprì la porta.*

[4] La litote, "eine nicht unvornehme Dame", si può rendere in italiano con *non privo di* + sostantivo, come fa il traduttore. Un'altra possibilità sarebbe: *una signora abbastanza distinta.*

[5] Possiamo tradurre alla lettera questo lungo periodo mantenendo la frase relativa e quella causale, oppure, più elegantemente, usare una costruzione implicita: *che, conoscendo Bärlach, lo fece entrare subito.*

[6] *È dovuto partire per motivi di lavoro.*

[7] *Inoltrare,* fornita dal vocabolario come prima traduzione di "nachschicken", è un termine del linguaggio burocratico, qui è sufficiente *spedire* o *fargli avere.*

[8] *La prego di condurmi / accompagnarmi nella sua stanza.*

[9] *Annuì / fece cenno di sì col capo.*

[10] Anche: *andando lungo il corridoio passarono davanti a un quadro.* In ogni caso ci vogliono due verbi in italiano per rendere il "durch den Korridor an einem Bild vorbeigehen".

[11] *Ci diede uno sguardo.* Non possiamo tradurre "hinschauen" con *guardarci* che equivale piuttosto a "nachschauen".

[12] Questo semplice "die dicke Frau", trattandosi di un personaggio già introdotto, mette in difficoltà il traduttore. Traduzioni quali: *la grassona, la donna grassa* qui non vanno. La soluzione del traduttore funziona in italiano, ma non corrisponde alla descrizione del personaggio. Noi proporremmo: *la grassa signora* (anticipando l'aggettivo questo assume più una sfumatura affettiva e non descrittiva).

[13] *Volgendo lo sguardo / gli occhi al soffitto.*

[14] *Era situata al piano terra.*

[15] Il traduttore traduce abbastanza liberamente questo lungo periodo. Una traduzione più letterale potrebbe essere: *attraverso la porta che dava sul giardino si vedeva / intravedeva un piccolo parco in cui c'erano degli abeti vecchi e bruni, che dovevano essere malati perché* .... È comunque meglio evitare la sequenza di frasi relative spezzando il periodo o ricorrendo a un'apposizione (*abeti probabilmente malati*).

[16] "Dicht" non si può rendere qui con l'avverbio corrispondente (*densamente, fittamente, foltamente*). Come alternativa: *il terreno era completamente coperto di aghi.*

[17] Non c'è motivo di non mantenere il sostantivo tedesco: *una cravatta del morto.*

[18] Anche qui perché non tradurre letteralmente: *ai tropici*?

[19] *Sussultò lievemente / sembrò un po' spaventato.* Se usiamo un verbo puntuale che indica la sua reazione (*sussultare, reagire, avere un moto di*) abbiamo il passato remoto, nel caso usassimo *sembrare* potremmo anche avere l'imperfetto: *sembrava un po' spaventato.*

[20] "Runde Augen machen" non si può tradurre letteralmente, oltre alla traduzione proposta si potrebbe usare l'espressione idiomatica *fare tanto d'occhi.*

[21] *Batté le mani sopra la testa.*

[22] Come fa il traduttore, è consigliabile far precedere l'interrogativa da un'espressione che chiami in causa l'interlocutore: *chissà se, crede che, pensa che.*

## 13. Birgit Vanderbeke: *Alberta empfängt einen Liebhaber*

Immer wenn ich versuche, mich an den Teil der Nacht zu erinnern, der dann folgte, wird es sehr schwierig. Es fing so an, daß ich mein Necessaire auspackte und ins Badezimmer ging. Als ich rauskam, hatte Nadan im Radiowecker den AFN gefunden. Die gelbliche Flüssigkeit auf der Autobahn hatte sich inzwischen als ungiftig erwiesen und war längst zuverlässig beseitigt. Ich dachte: Wir könnten seit Stunden im Elsaß sein, aber ich sagte es nicht. Ich sagte: Du glaubst doch nicht, daß es ungiftig war. Nadan sagte: Warum nicht. Sein Gesicht war zu.

Mir wurde etwas übel von der angebissenen Frikadelle oder der gelben Flüssigkeit oder dem Desinfektionsgeruch oder Nadans Gesicht, jedenfalls ging ich auf den Balkon, um womöglich zu atmen. Es war Flieder in der Luft. Ich versuchte, nicht davon weinen zu müssen. Ich mußte es ziemlich lange versuchen, bis es mir endlich gelang, und als ich wieder reinging, sah ich schon an Nadans schwimmenden Augen, daß er Migräne hatte.

Von allem, was Nadan kriegt, wenn er länger mit mir zusammen ist, finde ich die Migräne am Schlimmsten. Nadan findet die Übelkeit, die ich kriege, wenn ich mit ihm zusammen bin, ungefähr ebenso schlimm wie die Hustenanfälle.

Esercizi di approfondimento

1. **Espressioni con "immer"**

**immer wenn** = *ogni volta che, tutte le volte che, quando*

**immer wieder** = *continuare a* + infinito, *continuamente, spesso*

**immer noch** = *ancora, tuttora*

**wer/wo/wie/was auch immer** = *chiunque, dovunque, comunque, qualsiasi cosa* + congiuntivo.

a. Es wird Hanna immer wieder schlecht, wenn sie an die Reise denkt.

..........................................................................................................

b. Es passierte ihm immer wieder, dass er den Geburtstag seiner Mutter vergaß.

..........................................................................................................

c. Er ist immer noch krank.

..........................................................................................................

d. Was immer du sagst, du kannst die Sache nicht mehr wieder gutmachen.

..........................................................................................................

e. Wo immer wir auch gingen, waren im letzten Jahr in Berlin Baustellen zu sehen.

..........................................................................................................

f. Wer immer die neue Gemäldegalerie besucht, ist davon begeistert.

..........................................................................................................

**2. Avverbi di tempo:**

**längst** = *da un pezzo, da un bel po' di tempo*

**lange** = *a lungo*

**am längsten** = *più di tutto/i*

a. Ich wäre längst fertig, wenn du mich nicht andauernd unterbrochen hättest.

..............................................................................................................................

..............................................................................................................................

b. Die Flüssigkeit auf der Autobahn war längst beseitigt. (r.5)

..............................................................................................................................

c. Sie hat lange darüber nachgedacht.

..............................................................................................................................

d. Mit Mario habe ich es am längsten ausgehalten. Am Ende aber konnte ich keinen Tag länger mit ihm zusammenbleiben.

..............................................................................................................................

..............................................................................................................................

e. Wenn ich länger mit ihm zusammen bin, kriege ich Hustenanfälle.

..............................................................................................................................

f. Ich hatte lange versucht ihn davon zu überzeugen, bis es mir endlich gelang.

..............................................................................................................................

..............................................................................................................................

**3.** Traducete le seguenti espressioni con il **comparativo assoluto**. Ricordate che potete renderlo in italiano premettendo all'aggettivo gli avverbi *piuttosto, abbastanza* e *alquanto*.

a. eine ältere Dame ......................................................................

b. eine größere Arbeit ......................................................................

c. eine längere Reise ......................................................................

d. für längere Zeit ......................................................................

e. ein schnelleres Boot ......................................................................

f. ein dickerer Mann ......................................................................

**4. Il soggetto impersonale "es"** normalmente non si traduce in italiano. A volte si può ricorrere alla terza persona plurale non espressa (es.: es klopft = *bussano*).

a. Es fing gut an. ......................................................................

b. Es gelingt mir nicht. ......................................................................

c. Es roch angebrannt. ......................................................................

d. Es gab keine Karte mehr. ......................................................................

e. Es war ein heißer Sommer. ......................................................................

f. Es klingelt an der Tür. ......................................................................

g. Es scheint nicht zu klappen, obwohl ich es mehrmals versucht habe.

......................................................................

h. Es wurde mir bereits mitgeteilt.

.....................................................................................................................

i. Es sah so aus, als ob wir es mitnehmen durften.

.....................................................................................................................

**5. Reggenza dei verbi.** Nelle frasi seguenti, l'italiano richiede sempre una preposizione? Se sì, quale?

a. Man sah **an** Nadans Blick, dass er sich langweilte.

.....................................................................................................................

b. Sie erinnerte sich nicht mehr **an** die Nacht.

.....................................................................................................................

c. Die Geschichte hat sich **als** falsch erwiesen.

.....................................................................................................................

d. Ich liebe Schokolade, aber leider kriege ich Pickel **davon**.

.....................................................................................................................

e. Ich fahre lieber mit dem Zug, weil mir **vom** Autoreisen übel wird.

.....................................................................................................................

f. Wir haben viel zu lange **auf** ihn gewartet!

.....................................................................................................................

**6. Comparativi di uguaglianza.**

**ebenso / genauso ... wie** = *tanto ... quanto, così ... come*

**ebenso (schlimm) ... wie** = *altrettanto* + aggettivo (*brutto / fastidioso / terribile*) *quanto / di*; *non sono meno* + aggettivo + *di*.

a. Thomas ist ebenso sportlich wie sein Bruder.

.............................................................................................................

b. Migräne ist ebenso schlimm wie Bauchschmerzen.

.............................................................................................................

c. Den Zug zu verpassen ist halb so schlimm wie ganz auf die Reise zu verzichten.

.............................................................................................................

.............................................................................................................

d. Diese Tablette ist genauso gut wie die andere.

.............................................................................................................

e. Ich hätte genauso gut zu Hause bleiben können.

.............................................................................................................

f. Du brauchst den anderen Wein nicht zu probieren. Er ist genauso schlecht.

.............................................................................................................

**GESICHT** *faccia, viso,volto*
*(diverso registro: una faccia da schiaffi; un volto angelico)*

Er ist seinem Vater wie aus dem Gesicht geschnitten. = *Padre e figlio si assomigliano come due gocce d'acqua. / È tale e quale a suo padre.*
das Gesicht wahren = *salvare la faccia*
Du willst nicht der Wirklichkeit ins Gesicht sehen. = *Non vuoi guardare in faccia la realtà.*
jemandem zu Gesicht kommen = *capitare sotto gli occhi di qualcuno*
ein langes Gesicht machen = *tenere il muso*
sein wahres Gesicht zeigen = *mostrare il vero volto*
*che faccia tosta (faccia di bronzo)!* = unverschämt sein
*avere la faccia tosta di* + inf. = die Frechheit haben
*il voltafaccia* = die Kehrtwendung
*alla faccia di ...!* = jemandem zum Trotz
*non guardare in faccia a nessuno* = rücksichtlos sein
*trovarsi faccia a faccia con qualcuno* = sich gegenüberstehen
*far buon viso a cattivo gioco* = gute Miene zum bösen Spiel machen

Tutte le volte che tento di ricordarmi le ore di quella notte,[1] mi risulta molto difficile[2]. Iniziò che disfeci il mio nécessaire e andai in bagno. Quando uscii, Nadan aveva trovato l'AFN sulle frequenze della radiosveglia. Il liquido giallognolo[3] sull'autostrada intanto si era rivelato innocuo e da tempo era stato efficacemente rimosso.[4] Pensai[5]: „Potevamo[6] essere in Alsazia già da diverse ore", ma non lo dissi. Dissi: „Ma non crederai che fosse innocuo.[7]" Nadan disse: "Perché no?" La sua espressione era indecifrabile[8].

Mi sentii vagamente male[9] per la polpetta che avevo addentato[10] o per via del liquido giallo o dell'odore di disinfettante o per l'espressione di Nadan, a ogni modo andai sul balcone per riuscire se possibile a respirare. Nell'aria c'era profumo di lillà[11]. Tentai di non dover essere costretta a piangere per tutto questo.[12] Dovetti sforzarmi abbastanza a lungo, finché finalmente ci riuscii, e quando tornai dentro, notai già dai suoi occhi offuscati[13] che Nadan aveva l'emicrania[14].

Di tutto quello che capita a Nadan quando rimane per un certo tempo insieme a me, trovo l'emicrania sia forse la cosa peggiore.[15] Nadan trova penoso il malessere[16] che mi coglie quando resto per un certo tempo insieme a lui, più o meno quanto gli attacchi di tosse.

---

[1] *Che tento di ricordarmi la parte della notte che seguì.*

[2] *Mi riesce molto difficile.*

[3] *Giallastro.*

[4] *Nel frattempo, sull'autostrada, avevano scoperto che il liquido giallognolo non era nocivo e l'avevano coscienziosamente / accuratamente rimosso.*

[5] La traduttrice preferisce evidenziare il discorso diretto ricorrendo alle virgolette, mentre l'autrice usa il discorso diretto libero, che sarebbe accettabile anche in italiano.

[6] *Avremmo potuto.* Spesso, nel linguaggio colloquiale, nel caso dei verbi modali, il condizionale composto è sostituito dall'imperfetto.

[7] *Non crederai mica.* La particella di sfumatura "doch", può essere ben resa qui con *mica.*

[8] *Aveva un'espressione impenetrabile.* Una traduzione letterale - *il suo viso era chiuso* - non è accettabile.

[9] *Mi venne un leggero senso di nausea.* Sembra strano combinare l'avverbio *vagamente* con il tempo perfettivo, come fa la traduttrice. Con un altro verbo *sentirsi, provare, avere* sarebbe possibile anche un imperfetto: *mi sentivo un po' male / avevo un vago senso di nausea.*

[10] Non possiamo tenere il participio in funzione attributiva – "angebissene Frikadelle" - che farebbe pensare che la polpetta sia stata mangiata da qualcun altro. *Addentare* o *mordere* ci sembrano un po' troppo concreti. Per aggirare l'ostacolo è meglio ricorrere a un sostantivo come per esempio *boccone*: *a causa del boccone di polpetta che avevo mangiato.*

[11] Il nome del fiore da solo non basta, bisogna aggiungere *c'era odore* o ancora meglio *profumo di lillà.*

[12] L'idea espressa nel "versuchen nicht zu müssen" può essere resa dal verbo verbo *sforzarsi*, come fa poi la traduttrice nella frase seguente. La ripetizione non va necessariamente evitata, tanto più che è presente nell'originale.

[13] *Dagli occhi acquosi di Nadan.*

[14] Invece di *emicrania* potremmo usare *mal di testa*, termine più usuale in italiano.

[15] *Di tutto quello che viene a Nadan ... trovo il mal di testa la cosa peggiore di tutte.*

[16] Il registro di parole come *penoso* e *malessere* non corrisponde al tono colloquiale del brano; inoltre *malessere* per "Übelkeit" è troppo generico. Proponiamo: *Nadan trova la nausea che viene a me, quando sto con lui, altrettanto / non meno fastidiosa degli attacchi di tosse.*

## 14. Andrea Juliette Grote: „Steckbrief"

Steckbrief

Gesucht: Ein schüchterner Arbeiter der Kunst

Der Gesuchte, der in Pistoja geboren wurde, war verschlossen und schüchtern und kein guter Schüler. Seine wohlhabenden und religiösen Eltern machten sich viel Sorgen, denn das einzige, was ihr Sohn gerne machte, war zeichnen. Als dann die Familie während des Ersten Weltkrieges verarmte, ging der junge Mann nach Florenz. Hier versuchte er sein Glück in der Kunsthochschule, begann nach Modellen zu zeichnen, fertigte Druckgrafiken an und malte. In der Schule traf er Auguste Rodin, den er sehr bewunderte. [...]

Der junge Mann widmete sich immer den klassischen Themen der Kunstgeschichte: Er malte Porträts, Pferde, Frauenakte, Gaukler und Tänzer. Nebenher begann der Gesuchte damit, auch Plastiken aus Holz, Ton und Bronze herzustellen und entdeckte hier ganz neue Möglichkeiten. Noch recht jung nahm er eine Stelle als Lehrbeauftragter an der Kunstschule Monza an. Als er Jahre später als Professor an die Brera-Akademie in Mailand berufen wurde, war er ein international anerkannter Künstler. Er machte Ausstellungen in Zürich, später in New York, London, Hamburg. 1935 erhielt er den Preis für Plastik bei der Pariser Weltausstellung und nur zwei Jahre später den Preis für seine Arbeiten bei der Biennale in Venedig. Im Zweiten Weltkrieg emigrierte der Gesuchte in die Schweiz. Als er erfuhr, daß sein Atelier in Mailand abgebrannt war, begann er seine Aggressionen in seinen Skulpturen auszuleben. [...]

Seine eigentliche Aufgabe und Erfüllung fand der Bildhauer in den Arbeiten zum Thema Roß und Reiter, das er bis zu seinem Tod immer wieder variierte und zu großer Ausdruckskraft steigerte. Seine anfängliche Schüchternheit hat er nie verloren. Er war ein Arbeiter, kein Intellektueller, der an die Beständigkeit des Lebens glaubte. Er interessierte sich nie für Moden, sondern blieb seinem Stil treu. In vielen Städten stehen die oft meterhohen Bronzefiguren und Reiterstandbilder auf zentralen Plätzen und in Museen. 1988 wurde ihm zu Ehren ein Museum eröffnet.

Andrea Juliette Grote: „Steckbrief", © by Der Tagesspiegel 3.1.1999

## Esercizi di approfondimento

1. **Perfetto / imperfetto.** Prima di cominciare a tradurre, sottolineate tutti i verbi al passato nell'originale tedesco e decidete quale tempo usare di volta in volta nella traduzione italiana. Tenete in considerazione gli indicatori temporali.

2. ***Sempre* e *mai* + verbo al passato.** In particolare nelle biografie ricorrono frasi del tipo "er interessierte sich schon immer für klassische Kunst". Trattandosi di affermazioni risultative - infatti è come sottinteso "sein Leben lang" - si deve usare un perfetto: *si interessò sempre / si è sempre interessato di arte.*

a. Der junge Mann widmete sich immer den klassischen Themen der Kunstgeschichte. (r.11)

....................................................................................................

b. Das Thema Roß und Reiter variierte er immer wieder bis zu seinem Tod. (r.26)

....................................................................................................

c. Seine anfängliche Schüchternheit hat er nie verloren. (r.28)

....................................................................................................

d. Er blieb immer seinem Stil treu. (r.30)

....................................................................................................

e. Obwohl er immer wieder daran dachte mit der Malerei aufzuhören, arbeitete er bis zu seinem Lebensende.

....................................................................................................

**3.** Nel tradurre le frasi seguenti trovate delle alternative alle **frasi relative**: per es. un participio passato o un costrutto nominale.

a. Der Gesuchte, der in Pistoia geboren wurde, war kein guter Schüler. (r.3)

....................................................................................................

b. In der Schule traf er Rodin, den er sehr bewunderte. (r.10)

....................................................................................................

c. Er war ein Arbeiter, der an die Beständigkeit des Lebens glaubte. (r.28)

..........................................................................................................

d. Die Bronzefiguren, die in vielen Plätzen auf der ganzen Welt zu sehen sind, schuf er in seinem Atelier.

..........................................................................................................

..........................................................................................................

e. Der Künstler, der aus ärmlichen Verhältnissen stammte, musste sein Studium selbst finanzieren.

..........................................................................................................

..........................................................................................................

f. Es sind ganz wenige die Bewerber, die für die Stelle in Frage kommen.

..........................................................................................................

g. Du musst dich an den Angestellten wenden, der gerade hinaus gegangen ist.

..........................................................................................................

**4.** Il testo seguente contiene 7 errori di **punteggiatura**, trovateli!

*L'uomo, che cerchiamo è uno scultore italiano. Quando scoprì, che l'arte era la sua passione, si dedicò interamente ad essa: Si iscrisse all' Accademia delle Belle Arti e cominciò, a disegnare dal vero. Si chiedeva spesso, se avrebbe avuto successo; Possiamo certo dire, che oggi è tra gli artisti più noti del Novecento Italiano.*

Specchietto lessicale

| **SCHÜLER** | *scolaro (scuola elementare)*<br>*studente (scuola media inferiore e superiore)*<br>*alunno*<br>*allievo*<br>*discepolo (storico e religioso)* |
|---|---|

*gli alunni della III C*
*un allievo / uno studente del liceo "Parini" / dell'Istituto Tecnico "Alessandro Volta"*
*un allievo di Umberto Eco*
*i discepoli di Platone / di Gesù Cristo*

Traduzione italiana

Identikit

Cercasi: Un timido artigiano[1]

L'uomo che cerchiamo[2], nato a Pistoia, aveva un carattere chiuso, era timido e non andava bene a scuola. I suoi genitori, persone abbienti e religiose,[3] erano molto preoccupati, infatti l'unica cosa che al loro figlio piacesse[4] fare era disegnare. Quando, durante la prima guerra mondiale, la famiglia si impoverì, il giovane andò a Firenze. Qui tentò la fortuna all'Accademia di Belle Arti, cominciò a disegnare dal vero[5], eseguì delle incisioni e dipinse.[6] All'Accademia incontrò Auguste Rodin, che ammirava molto. [...]

Il giovane si dedicò sempre[7] ai soggetti classici della storia dell'arte: dipinse ritratti, cavalli, nudi femminili, giocolieri e danzatori[8]. La persona in questione cominciò inoltre a produrre sculture in legno, creta e bronzo, scoprendo qui possibilità del tutto nuove. Ancora molto giovane, ebbe un incarico per insegnare[9] alla scuola d'arte di Monza. Quando, anni dopo, fu nominato professore[10] all'Accademia di Brera a Milano, era ormai un artista di fama internazionale. Fece delle mostre a Zurigo, e in seguito anche a New York, Londra e Amburgo. Nel 1935 vinse il premio per la scultura all'Esposizione universale di Parigi e, solo due anni dopo, il premio per le sue opere alla Biennale di Venezia. Durante la seconda guerra mondiale, il personaggio che cerchiamo emigrò in Svizzera. Quando venne a sapere[11] che il suo studio milanese era andato in fiamme, cominciò a riversare la sua aggressività nel lavoro di scultore.[12] [...]

Ma una piena realizzazione[13] lo scultore la trovò nelle opere che avevano come tema il cavallo e il cavaliere, tema[14] che coltivò, con infinite variazioni, fino alla morte raggiungendo una forza espressiva straordinaria. L'iniziale timidezza non la perse mai. Era un artigiano, non un intellettuale, e era radicato nella vita. Non seguì[15] mai le mode, rimase fedele al suo stile. In molte città, nelle piazze centrali e nei musei sono esposte le sue grandi figure in bronzo e i suoi cavalieri.[16] Nel 1988 fu inaugurato un museo in suo onore.[17]

---

[1] La parola *artigiano* ("Handwerker") esprime la componente manuale, oltre che creativa, del lavoro artistico.

[2] Tradurre *il ricercato* è grammaticalmente corretto, ma si usa in italiano solo per qualcuno che sia oggetto di un'indagine giudiziaria, si perde quindi il doppio senso del termine tedesco. *Il cercato*, come participio sostantivato, non esiste.

[3] La coppia di aggettivi (*abbienti e religiosi*) che in italiano dobbiamo posporre a *genitori*, suona strana, come se l'uno contraddicesse l'altro. Un avverbio prima del secondo aggettivo risolverebbe il problema: *benestanti/ agiati e profondamente religiosi.*

[4] Il congiuntivo della frase relativa si spiega con la presenza della costruzione: *era l'unica cosa che.* Anche l'indicativo è accettabile.

[5] La parola *modello* creerebbe delle ambiguità.

[6] Per attrazione con i primi due verbi, decisamente perfettivi, anche *dipingere* va posto al passato remoto, ad indicare l'inizio delle varie attività. Potremmo anche avere: *cominciò a disegnare dal vero, ad eseguire incisioni e a dipingere.*

[7] *Sempre* equivale qui a *tutta la vita*; prevale l'aspetto risultativo e non iterativo, dobbiamo perciò usare un tempo perfettivo, qui il passato remoto. Vedi l'esercizio 2 in questo capitolo.

[8] anche *ballerine* andrebbe bene, *ballerini* sarebbe insolito, anche perché esclude l'altro sesso.

[9] *Un incarico come professore.*

[10] *Ottenne una cattedra.*

[11] Anche il costrutto implicito: *venuto a sapere.*

[12] Non è facile trovare un equivalente all'espressione tedesca "seine Aggressionen ausleben" propria del linguaggio psicoanalitico, ma ormai di uso abbastanza comune. Una variante potrebbe essere: *sfogare le sue aggressioni nelle sue sculture*, ma è meglio evitare il doppio possessivo.

[13] Nella traduzione non è possibile mantenere questa combinazione di sostantivi ("Aufgabe" e "Erfüllung").

[14] È necessario riprendere il sostantivo *tema* per evitare ambiguità nella relativa seguente.

[15] Come il *sempre* alla nota 7, anche il *mai*, qui è un segnale di perfettività dell'azione.

[16] La precisazione *alti parecchi metri* risulterebbe troppo tecnica.

[17] Il personaggio che cerchiamo è lo scultore Marino Marini.

## 15. (dpa) „Kunstraub von Rom aufgeklärt“

Kunstraub von Rom aufgeklärt

Acht Personen verhaftet / Werke sind unversehrt

ROM, 6. Juli (dpa). Sieben Wochen nach dem spektakulären Kunstraub in Rom hat die italienische Polizei die drei gestohlenen Gemälde von Paul Cézanne und Vincent van Gogh sichergestellt. Die Bilder, deren Gesamtwert auf bis zu 60 Millionen Mark geschätzt wird, sollten nach Angaben der Behörden auf dem illegalen Kunstmarkt verkauft werden. Acht Personen wurden festgenommen, darunter die drei Männer, die in die römische Galerie für moderne Kunst eingedrungen waren, und zwei Wächterinnen des Museums. Nach Angaben der Behörden vom Montag sind die Werke unversehrt.

Der Raub - zwei Van Gogh-Porträts und eine Landschaft von Cézanne - hatte im Mai auf der ganzen Welt Aufsehen erregt. Die Täter hatten sich unter das Publikum gemischt. Nach Schließung des Museums gegen 22 Uhr zwangen sie mehrere Angestellte mit vorgehaltener Pistole, die Alarmanlage abzuschalten. Sie fesselten und knebelten die Frauen, sperrten sie in eine Toilette und machten sich in aller Ruhe an die Arbeit. Um keine Spuren zu hinterlassen, trugen die Diebe keine Schuhe. Unklar ist nach wie vor, warum sie andere wertvolle Meisterwerke unbeachtet hängenließen.

Die Gemälde wurden bei einer Polizeiaktion am Montag morgen in Privatwohnungen in einfachen Wohnvierteln in Rom und Turin sichergestellt. Zwei waren unter Betten versteckt. Die Kriminalpolizei ist entgegen ersten Vermutungen nicht der Meinung, daß die Mafia hinter dem Verbrechen steckt. "Es gibt keine Anzeichen, daß die Bilder im Auftrag von Hintermännern geraubt wurden." Die beiden Wächterinnen seien Komplizen der Bande gewesen.

Zwei der festgenommenen Männer hätten schon wegen anderer Verbrechen mehrere Jahre in belgischen Gefängnissen eingesessen. Die Untersuchungen gingen weiter. Es hieß lediglich, einer der sechs festgenommenen Männer habe in den siebziger Jahren für eine rechtsextremistische Organisation in Italien gearbeitet.

Der genaue Wert der Bilder läßt sich sehr schwer beziffern. Italiens Kulturminister Veltroni sagte: "Sie gehören dem kulturellen Erbe der Menschheit." Einige Quellen nannten einen Wert von umgerechnet weit über zehn Millionen Mark, das italienische Fernsehen sprach von bis zu 60 Millionen. Allerdings hatte es immer wieder geheißen, die Werke seien so bekannt, daß sie nicht verkauft werden könnten.

Bei den zwei Werken Van Goghs handelt es sich um die einzigen Bilder des Meisters, die in Italien ausgestellt waren. Eines zeigt ein Porträt der Madame Ginoux, die den geistig verwirrten Künstler vor seinem Selbstmord gepflegt hatte. Das andere entstand 1889 und zeigt einen "Gärtner". Das Landschaftsbild von Cézanne "Le Cabanon de Jourdan" (Die Hütte von Jourdan) ist das letzte Ölbild des Künstlers. Das 65 mal 81 Zentimeter große Bild gilt als Cézannes Schlüsselwerk.

## Esercizi di approfondimento

**1.** Collegate le seguenti parole, relative al **mondo del crimine**, con il corrispondente termine italiano:

| | |
|---|---|
| 1. Beute | a. *colpevole* |
| 2. Verbrecher | b. *bottino, refurtiva* |
| 3. Dieb | c. *furto* |
| 4. Täter | d. *guardiano* |
| 5. Raub | e. *delinquente* |
| 6. Diebstahl | f. *rapina* |
| 7. Wächter | g. *ladro* |
| 8. vorbestraft | h. *imbavagliare* |
| 9. mutmaßlich | i. *arrestare* |
| 10. fesseln / knebeln | j. *recuperare* |
| 11. festnehmen | k. *pregiudicato* |
| 12. sicherstellen | l. *presunto* |

**2.** Completate con **i pronomi relativi.** Nota bene: le forme *il quale/la quale* si usano soprattutto con la preposizione, mai come oggetto; come soggetto raramente, quando potrebbero esserci delle ambiguità.

a. *La polizia ha recuperato i tre quadri* .......... *erano stati sottratti al museo e .............. valore ammonta ad alcuni miliardi di lire.*

b. *I tre ladri, due ............. sono pregiudicati, sono ora in attesa di processo.*

c. *Questo furto non è il primo in quel museo, ........... fa pensare che le misure di sicurezza non siano sufficienti.*

d. *Questo è il motivo ............ il direttore del museo si è rivolto al Ministro per i Beni Culturali .............. aveva già chiesto in altre occasioni di prendere provvedimenti.*

e. *Il Ministro, ........... dipendono queste decisioni e ........... si è dichiarato preoccupato per la sicurezza delle opere d'arte, ha assicurato il suo impegno in questo settore.*

3. **Il passivo** si forma con l'ausiliare *essere* o *venire* (quest'ultimo solo con i tempi semplici!). Il **complemento d'agente** è introdotto sempre dalla preposizione ***da***. Come per la forma attiva, se il verbo è al passato ("Präteritum"), nel tradurre in italiano bisogna distinguere se si tratta di un perfetto o di un imperfetto. (Es.: 1. Die Nachricht **wurde** von der Presse **bekannt gegeben**. = *La notizia **è stata/fu resa nota** dalla stampa.* 2. Vor dem Überfall **wurde** die Bank nur von einem Privatdetektiv **überwacht**. = *Prima della rapina la banca **era / veniva sorvegliata** solo da un poliziotto privato.)*

Traducete le seguenti frasi:

a. Acht Personen wurden von der Polizei festgenommen. (r.8)

..........................................................................................

b. Die Angestellten wurden von den Dieben gefesselt.

.......................................................................................................

c. Man weiß nicht, ob den Dieben von einem der Museumsangestellten geholfen wurde.

.......................................................................................................

.......................................................................................................

d. Als Kind wurde ich immer von meiner Mutter zur Schule gebracht.

.......................................................................................................

e. Die Untersuchung wird von Herrn Dr. Salvi geleitet werden.

.......................................................................................................

Attenzione ai casi in cui il verbo tedesco può essere usato passivamente, ma non così il corrispondente verbo italiano:

f. Ich wurde von Mara gefragt, ob ich mein Auto verkaufen wolle.

.......................................................................................................

g. Sie wurde gebeten, ihre Abreise zu verschieben.

.......................................................................................................

h. Ich befürchte, dass meine Frage nicht beantwortet werden wird.

.......................................................................................................

i. In dem Kurs werden wir über die Didaktik des Französischen unterrichtet.

.......................................................................................................

**4.** Completate il testo seguente coniugando i verbi nei **tempi del passato** (pass. prossimo / pass. remoto / imperfetto / trapassato prossimo).

*Lunedì scorso .......................... (recuperare) dalla polizia due dipinti che ........................ (rubare) due mesi fa dal Museo d'Arte Moderna di Roma. Si tratta di un paesaggio di Cézanne, che ..................... (dipingere) dall'artista poco prima della sua morte, e di un autoritratto di Van Gogh che il pittore ................. (eseguire) mentre ..................... (trovarsi) in ospedale psichiatrico.*

*I ladri ................ (essere) molto abili. Per non lasciare tracce non ............... (portare) scarpe. ..................... (Introdursi) nel museo insieme agli altri visitatori e poi ..................... (costringere) gli impiegati a spegnere il sistema d'allarme. Nessuno degli impiegati ..................... (ferire).*

*Il ministro per i Beni Culturali .................. (dichiarare) che si tratta di opere fondamentali e ..................... (congratularsi) con la polizia per il successo dell'operazione.*

**5.** Traducete il brano precedente in tedesco.

.............................................................................................

.............................................................................................

....................................................................................................

....................................................................................................

....................................................................................................

....................................................................................................

....................................................................................................

6. **Il passato prossimo**. Nel tradurre il "Praeteritum" tedesco con un tempo perfettivo italiano considerate il tipo di testo che avete di fronte: se si tratta di un articolo di cronaca, che riporta fatti successi di recente, andrà di regola usato il passato prossimo e non il passato remoto. In questo tipo di testi si può, in rari casi, verificare la compresenza di questi due tempi, se per esempio alla cronaca si aggiungono informazioni storiche. Decidete nelle frasi seguenti quando usare il passato prossimo e quando il passato remoto.

a. Wer ist Valerio? Die Tageszeitung *Il Resto del Carlino* fragte die Italiener. Eine Tagesspiegel-Leserin schrieb, in Florenz habe ein Junge mit dem Namen Valerio gelebt. (Der Tagesspiegel 24.8.98)

....................................................................................................

....................................................................................................

....................................................................................................

b. Dem Staatssekretär des Innenministeriums Carlo Taormina wurde neulich eine Leibwache zugebilligt. Taormina vertritt als Anwalt Mafiosi und verteidigte die rechtsextremen Attentäter der Piazza Fontana, gegen die das Innenministerium als Nebenkläger auftrat. (FAZ 25.9.01)

.........................................................................................................

.........................................................................................................

.........................................................................................................

.........................................................................................................

c. Am Donnerstag wurde Carlo Azeglio Ciampi zum Staatspräsident gewählt. „Ich fühle mich geehrt", so reagierte Ciampi. Erst zum dritten Mal in Italiens Nachkriegsgeschichte gelang es, den Staatspräsident im ersten Wahlgang zu wählen. 1945 sind Enrico De Nicola und 1985 Francesco Cossiga auf Anhieb gewählt worden. Der bald scheidende Präsident Oscar Luigi Scalfaro brauchte 1992 sechzehn Anläufe. [...] Von 990 Stimmen erhielt Ciampi 707. (Der Tagesspiegel 14.5.99)

.........................................................................................................

.........................................................................................................

.........................................................................................................

.........................................................................................................

.........................................................................................................

.........................................................................................................

7. La preposizione **"bei"** può essere tradotta in vari modi, a seconda del complemento che introduce: locativo (*presso, nei pressi di, vicino a, da, in, a...*), temporale (*di, nel corso di, a, con...*), restrittivo (*per quanto riguarda, quanto a, tenendo conto di*).

a. Er wohnt bei seiner Mutter, die bei Köln lebt.

.................................................................................................

b. Bei schlechtem Wetter bleibe ich lieber zu Hause.

.................................................................................................

c. Die Gemälde wurden bei einer Polizeiaktion in Rom wiedergefunden.

.................................................................................................

d. Bei den zwei Werken van Goghs handelt es sich um die einzigen Bilder des Meisters in Italien. (r.39)

.................................................................................................

.................................................................................................

e. Den Ausdruck findest du oft bei Goethe.

.................................................................................................

f. Wusstest du nicht, dass er bei der Stadtverwaltung arbeitet?

.................................................................................................

g. Wenn meine Mutter abends Kaffee trinkt, kann sie nicht einschlafen. Bei mir ist es genauso!

.................................................................................................

.................................................................................................

Specchietto lessicale

**BILD** *quadro / dipinto*
*immagine*
*figura / illustrazione*
*fotografia*

*un quadro astratto*
*attaccare un quadro alla parete / Il quadro è appeso alla parete.*
*Il quadro è esposto nella nuova pinacoteca.* = Das Bild hängt in der neuen Gemäldegalerie.
*un dipinto di Raffaello* = ein Gemälde von Raffael
*nel quadro di ....* = im Rahmen von ...
Das Italienbild hat sich verändert. = *L'immagine dell'Italia è cambiata.*
sich ein Bild von etwas machen = *farsi un'idea di ...*
Das Buch enthält viele Bilder. = *Nel libro ci sono molte illustrazioni.*
Bilderbuch = *libro illustrato*
in Bildern sprechen = *parlare per immagini / per metafore*

## Traduzione italiana

Chiarito il furto di quadri[1] a Roma

Arrestate otto persone / Le opere sono indenni.

Roma, 6 luglio. Sette settimane dopo lo spettacolare furto di opere d'arte a Roma, la polizia italiana ha recuperato[2] i tre dipinti rubati di Paul Cézanne e Vincent van Gogh. I quadri, il cui valore complessivo ammonta a ben sessanta milioni di marchi,[3] avrebbero dovuto essere venduti, a detta delle autorità,[4] sul mercato illegale di opere d'arte. Sono state arrestate otto persone, tra cui tre uomini che si erano introdotti[5] nella Galleria d'arte moderna e due donne, custodi[6] del museo. Stando alle informazioni rilasciate delle autorità lunedí,[7] le opere non sono state danneggiate[8].

Nel maggio scorso[9] il furto dei quadri - due ritratti di van Gogh e un paesaggio di Cézanne - aveva suscitato scalpore in tutto il mondo. I ladri[10] si erano mescolati tra il pubblico. Dopo la chiusura del museo, verso le ventidue, hanno costretto, con la pistola in pugno,[11] alcuni impiegati a disinserire il sistema d'allarme. Hanno legato[12] e imbavagliato le donne, le hanno rinchiuse in una toilette e, in tutta calma, si sono messi al lavoro. Per non lasciare impronte, i ladri non portavano scarpe. È tuttora poco chiaro come mai abbiano trascurato[13] altri capolavori di grande valore.

I dipinti sono stati recuperati lunedì mattina, nel corso di un'azione della polizia, in appartamenti[14] di quartieri popolari[15] a Roma e a Torino. Due erano nascosti sotto il letto. Contrariamente alle prime ipotesi, la polizia non è dell'idea che dietro il crimine[16] si nasconda la mafia. "Non ci sono indizi per sospettare[17] che i quadri siano stati rubati su incarico di terzi"[18]. Le due custodi sarebbero complici della banda.[19]

Due degli arrestati sono[20] già stati detenuti diversi anni in Belgio per altri reati. Le indagini proseguono. Si sarebbe scoperto che uno dei sei arrestati negli anni settanta aveva lavorato in Italia per un'organizzazione di estrema destra.

È difficile stabilire il valore esatto dei quadri. Il ministro dei Beni culturali, Veltroni, ha dichiarato: "Essi appartengono al patrimonio culturale dell'umanità." Alcune fonti hanno indicato un valore approssimativo di oltre dieci milioni di marchi, la televisione italiana ha parlato di un valore intorno ai sessanta milioni. Comunque si è più volte ripetuto che le opere sono così note che non avrebbero potuto essere vendute[21].

Nel caso delle due opere di van Gogh si tratta degli unici quadri del maestro esposti in Italia. Uno è un ritratto di Madame Ginoux, che aveva assistito l'artista, ormai[22] malato di mente, prima che si suicidasse[23]. L'altro risale al 1889 e mostra un "giardiniere". Il paesaggio di Cézanne, "Le Cabanon de Jourdan" (Il capanno di Jourdan) è l'ultimo dipinto a olio dell'artista. Il quadro, che misura 65 x 81 cm., è considerato l'opera chiave di Cézanne.

---

[1] "Kunstraub" non va tradotto *furto d'arte,* né con *rapina di opere d'arte. Rapina* si usa piuttosto nel senso di "Überfall".

[2] "Sicherstellen" non può essere reso né con il verbo *sequestrare* che corrisponde a "beschlagnahmen" né con *mettere al sicuro*; qui è piuttosto nel senso di *ritrovare, recuperare*.

[3] *Il cui valore complessivo è stimato intorno ai / si aggira sui 60 milioni*. Il "bis zu", con verbi come *valutare, stimare*, non può essere tradotto con *fino a*.

[4] *Stando alle dichiarazioni della polizia*.

[5] Dato che i ladri sono entrati nel museo come semplici visitatori, non possiamo usare l'espressione *fare irruzione*.

[6] Anche *due donne, guardasala del museo*; senza la precisazione non si capirebbe che sono donne. Non appropriato, per indicare questo lavoro in un museo, il termine *guardiane*.

[7] *Secondo quanto ha dichiarato la polizia lunedì*. La presenza dell'indicatore temporale "von Montag" rende impossibile ricorrere alla formula usata precedentemente, *a detta della polizia*.

[8] *Sono indenni / non hanno riportato danni*.

[9] Il complemento di tempo al centro della frase creerebbe dei problemi sintattici, quindi è meglio anticiparlo oppure integrarlo con una costruzione participiale: *il furto dei quadri avvenuto nel maggio scorso*.

[10] "Täter" non ha un unico equivalente in italiano, a seconda del contesto in cui viene usato abbiamo vari sostantivi. Qui *colpevole* non è adatto perché il reato non è stato ancora commesso. Altre possibilità oltre a *ladri* sono: *malviventi, malfattori*.

[11] *Minacciandoli con la pistola / pistole alla mano*.

[12] La traduzione fornita dal vocabolario, *incatenare,* è adatta solo quando si usano delle vere e proprie catene.

[13] Il modo verbale deve essere il congiuntivo trattandosi di un'interrogativa indiretta retta da un'espressione impersonale negativa. Potremmo anche tradurre anche: *si ignora ancora il motivo per cui abbiano trascurato...*

[14] La precisazione "Privatwohnung" è superflua in italiano, in quanto un appartamento che non sia ad uso privato è un ufficio, o uno studio.

[15] Nel dizionario come prima traduzione di "Wohnviertel" troviamo *quartiere residenziale.* Questa denominazione denota sempre zone abitative di particolare pregio, sia per l'ubicazione sia per l'estrazione sociale degli abitanti. *Quartiere residenziale*, seguito quindi dall'aggettivo "einfach" (*semplice, modesto*), sarebbe contraddittorio. Nella maggior parte dei casi è sufficiente tradurre "Wohnviertel" con *quartiere.*

[16] Per "Verbrechen" il dizionario dà come traduzione, oltre a *crimine* e *reato*, anche *delitto*, però quest'ultima parola nel linguaggio comune è usata come sinonimo di *omicidio*, *assassinio*.

[17] Non si usa far seguire il sostantivo *indizi* dalla congiunzione *che*, si preferisce una perifrasi – *del fatto che* – o un verbo – *per* + infinito.

[18] *I mandanti del furto siano da ricercare altrove.*

[19] *A quanto pare le due custodi sono complici.*

[20] Anche il condizionale è possibile: *sarebbero.* Questa informazione, così come la precedente, viene data come notizia non assolutamente certa, perciò è giustificato l'uso del condizionale in italiano, modo caratteristico dell'informazione giornalistica.

[21] *Non si sarebbero mai potute vendere.*

[22] È consigliabile aggiungere questa specificazione temporale per sottolineare che si tratta di una fase conclusiva nella vita dell'artista.

[23] Evitiamo il possessivo, *prima del suo suicidio*, per non creare delle ambiguità.

## 16. „Junge Berliner stehen Ausländern jetzt kritischer gegenüber“

Junge Berliner stehen Ausländern jetzt kritischer gegenüber

Erste Jugendumfrage der Senats-Ausländerbeauftragten

Berlin (kög). Junge deutsche Berliner stehen Ausländern kritischer gegenüber als noch vor ein paar Jahren. So hat sich die Bereitschaft, ausländische Jugendliche vor Benachteiligungen auf dem Wohn- und Arbcitsmarkt zu schützen, abgeschwächt. Zudem befürworten im Vergleich zu einer Studie von 1992 heute mehr Berliner Jugendliche härtere Strafen für kriminelle Ausländer. Für die doppelte Staatsbürgerschaft sind dennoch über 40 Prozent der befragten Jugendlichen - in der Gesamtbevölkerung sind zwei Drittel dagegen. Diese Ergebnisse der ersten Berliner Jugendumfrage zu ausländer- und integrationspolitischen Themen stellte die Ausländerbeauftragte des Senats, Barbara John, jetzt der Öffentlichkeit vor.

In ihrem Auftrag hatte die "In-Trend-Gesellschaft für Markt-, Medien- und Sozialforschung" 609 Jugendliche im Alter von 16 bis 25 Jahren telefonisch befragt - "die erste Generation, für die das Zusammenleben mit Menschen aus anderen Kulturen eine Alltagserfahrung ist", wie Barbara John sagte. Vier von fünf Befragten gaben an, Ausländer im Freundes-, Bekannten- oder Kollegenkreis zu haben.

"Grundsätzliches Wohlwollen" gegenüber Ausländern sei vorhanden. Doch gerade die Jüngeren haben sich von "einfachen Multi-Kulti-Wunschbildern" verabschiedet und die Erkenntnis gewonnen, daß "Integration sich nicht von selbst herstelle". Eine derart extreme

Tendenz bei jungen Berlinern nach rechts, wie sie die 98er FU-Studie von Jugendforscher Hans Merkens ergeben hatte, bestätigt die John-Studie indes nicht. Allerdings seien tolerante Einstellungen im Westteil der Stadt stärker ausgeprägt als im Ostteil, wo zu DDR-Zeiten eine "gezielte Erziehung zur Intoleranz" und zum Ausschluß Andersdenkender stattgefunden habe. Die junge Generation habe ihre Überzeugung von den Eltern übermittelt bekommen, die es nicht gewohnt waren, mit Menschen anderer Kulturen zusammenzuleben und "Vielfalt an sich nicht als Wert anzusehen".
So sprachen sich 65 Prozent der Westberliner, aber nur 43,3 Prozent der Ost-Berliner Jugendlichen für den Doppelpaß aus. Den Bau einer Moschee für die über 200000 in Berlin lebenden Muslime unterstützen 62,2 Prozent (West) und 54,5 Prozent (Ost), insgesamt 58 Prozent. Vor vier Jahren stimmten noch 74,5 Prozent, vor sieben Jahren noch 79,3 Prozent dafür.

„Junge Berliner stehen Ausländern jetzt kritischer gegenüber", © Der Tagesspiegel 20.2.99

## Esercizi di approfondimento

**1. Verbi ricorrenti nelle inchieste giornalistiche.** Collegate le espressioni in tedesco della colonna di sinistra, spesso presenti negli articoli di giornale che riportano i risultati di inchieste, con il significato corrispondente in italiano nella colonna di destra:

| | |
|---|---|
| 1. befragen | a. *arrivare alla convinzione* |
| 2. befürworten | b. *intervistare* |

| | |
|---|---|
| 3. angeben | c. *abbandonare l'idea* |
| 4. die Erkenntnis gewinnen | d. *essere favorevoli/contrari* |
| 5. sich von der Idee verabschieden | e. *dichiarare* |
| 6. kritisch gegenüber stehen | f. *dichiararsi a favore di* |
| 7. dafür / dagegen sein | g. *essere critici rispetto a* |

**2.** Traducete le seguenti espressioni con i **numerali**. In italiano, a differenza del tedesco, il verbo concorda con il numerale (***il** .... **per cento***) ed è quindi alla terza persona singolare (es.: 10% der Studenten sind ... = ***il** dieci **per cento** degli studenti **è** ...*).

a. 50 Prozent der befragten Jugendlichen stehen jetzt Ausländern kritischer gegenüber.

..........................................................................................

..........................................................................................

b. Über 43,3 Prozent der Ost-Berliner sprachen sich für den Doppelpass aus.

..........................................................................................

c. Drei Viertel der Kursteilnehmer waren deutsche Staatsbürger.

..........................................................................................

d. Mehr als ein Viertel der Einwohner Piemonts leben in Turin.

..........................................................................................

e. Einige Hunderte Berliner Jugendliche im Alter von 16 bis 25 Jahren haben bei der Umfrage mitgemacht.

.................................................................................................

.................................................................................................

f. Stimmt es, dass die Italiener die drittgrößte Ausländergruppe in Berlin sind?

.................................................................................................

g. Fünf von zehn Befragten waren Mädchen, genau die Hälfte.

.................................................................................................

**3. Complementi di relazione e di argomento.** Traducete in italiano le seguenti preposizioni che introducono complementi di relazione e di argomento e completate poi le frasi sottostanti:

gegenüber ...............................................................

im Vergleich zu ...............................................................

im Gegensatz zu ...............................................................

im Unterschied zu ...............................................................

diesbezüglich ...............................................................

was ... betrifft / bezüglich ..................................................

außer .....................................................................

a. *I giovani berlinesi hanno un atteggiamento più critico .............. stranieri.*

b. ................... *altri questo esercizio è molto più semplice.*

c. *È sempre molto gentile ................ me (......................).*

d. *Mia madre, ..................... me, è molto religiosa.*

e. *Sei migliorato molto .................... anno scorso.*

f. *Per quel che mi .................. non ho timori, sono completamente estranea al fatto.*

g. *Quasi tutti volevano compilare il questionario, ................. alcuni studenti che non ne avevano voglia.*

h. *Il saggio tratta della diminuzione del tasso di natalità in Italia e dà dati recenti ....................*

i. ...................... *voi siamo molto più dormiglioni.*

j. ..................... *suo padre, Marco non era fascista, anzi ha combattuto nella Resistenza.*

**4.** Di fronte a **sostantivi al plurale**, che non fanno parte di un elenco, si usa di solito **l'articolo**, soprattutto quando si tratta di categorie generali. (Es.: Kinder mögen Süßigkeiten. = *I bambini amano i dolci.*)
Quando si vuole indicare una quantità indeterminata di persone, oggetti, ecc. si usa il partitivo o gli aggettivi indefiniti *qualche, alcuni.* (Es.: Auf dem Tisch lagen Bücher. = *Sul tavolo c'erano dei (alcuni) libri / c'era qualche libro.*)

a. Junge Berliner mögen Hip-Hop Musik.

..................................................................................................

b. Soziologen sind begeistert.

..................................................................................................

c. Gibt es Zuschüsse für bedürftige Familien?

..................................................................................................

d. Wie verhalten sich die Italiener Ausländern gegenüber?

..................................................................................................

e. Schaulustige sammelten sich am Unfallort.

..................................................................................................

f. Kinder zahlen die Hälfte? Nein Kinder und Erwachsene zahlen gleich viel.

..................................................................................................

g. Zuspätkommende haben keinen Zutritt.

..................................................................................................

h. Haben Sie Prospekte von Griechenland?

..................................................................................................

**5.** Traducete le seguenti frasi con il **superlativo**:

a. Glaubst du, dass Berlin die höchste Kriminalitätsquote in Deutschland hat?

..................................................................................................

b. Die Türken sind die zahlreichste Ausländergruppe in ganz Deutschland.

......................................................................................................

c. Die Osteuropäer fallen am wenigsten auf.

......................................................................................................

d. Welches ist für euch die schönste Stadt Italiens?

......................................................................................................

e. Unter den italienischen Städten gefällt mir Rom besser als Mailand, aber Florenz gefällt mir am besten.

......................................................................................................

......................................................................................................

f. Die meisten Studenten kommen aus Deutschland.

......................................................................................................

g. Meistens gewöhnen sich Südländer nur langsam an die Kälte im Norden.

......................................................................................................

h. Bei den Kommunalwahlen erzielte die CDU das zweitbeste Ergebnis.

......................................................................................................

**6.** Il **"Partizip Präsens"** in funzione attributiva (vedi testo 7, es. 5)

a. Die in Berlin lebenden Muslime ... ..........................................................

b. Unter den wartenden Gästen ... ..........................................................

c. Die aus Kosovo stammenden Asylanten ... ............................................

d. Die stehende Maschine (= Flugzeug) mit laufendem Motor ... (M. Frisch)

.............................................................................................

e. Andersdenkende Menschen sind unerwünscht.

.............................................................................................

7. **Discorso indiretto.** Il discorso indiretto si incontra spesso nei testi giornalistici. Non lasciatevi fuorviare dal **congiuntivo** usato **in tedesco**; sapete che **in italiano** il congiuntivo si usa solo dopo determinati verbi, **non dopo i "verbi di dire"**. La congiunzione dichiarativa *che* non si può omettere.
Nei casi in cui in tedesco troviamo un discorso indiretto non introdotto da un verbo (per es. alle rr. 26 e 29) bisognerà di volta in volta decidere se in italiano è necessario segnalare che si tratta di un proseguimento del discorso indiretto ricorrendo a locuzioni del tipo: *secondo lui, a suo giudizio, a suo modo di vedere, a quanto pare*; o con un verbo di dire: *ha inoltre aggiunto che..., ha proseguito dicendo che ...*; o usando un condizionale: *il sindaco incontrerebbe i sindacati lunedì prossimo.* Traducete le seguenti frasi, estrapolate da diversi quotidiani, tenendo presente che non sempre il verbo che introduce il discorso indiretto può essere tradotto letteralmente.

a. „Ganz Italien ist ein einziges riesiges Museum“ sagt Gianna Marini, Mitherausgeberin der Kunstzeitschrift *Il giornale dell'arte*. Es gebe nicht nur Kirchen und Paläste, die es zu erhalten gelte, sondern ganze Ortschaften. Selbst in kleinsten Orten seien noch Kunstschätze von Bedeutung zu finden, die in jedem anderen Land gepflegt würden. In Italien dagegen könne man sich einfach nicht um alles kümmern, erklärt Marini. (Der Tagesspiegel 23. 9.1997)

.................................................................................................................

.................................................................................................................

.................................................................................................................

.................................................................................................................

.................................................................................................................

b. Roberto Benigni wurde vorgeworfen, er habe den Holocaust in seiner Filmkomödie *La vita è bella* (1998) verharmlost: dem sechs Jahre alten Sohn die Anwendung der Rassengesetze als Gesellschaftsspiel vorzuführen, (...), sei eine Konstruktion. (FAZ. 23.3.1999)

.................................................................................................................

.................................................................................................................

.................................................................................................................

.................................................................................................................

c. In Italien ist zum ersten Mal seit über zehn Jahren wieder ein Film verboten worden. Der Film *Totò che visse due volte* sei reine Blasphemie, begründete die Zensurkommission. Er sei „von der ersten bis zur letzten

Einstellung eine einzige Gotteslästerung", urteilte die Kommission. (FAZ 7.3.1998)

.......................................................................................................................

.......................................................................................................................

.......................................................................................................................

.......................................................................................................................

Specchietto lessicale

**KREIS** *cerchio, circolo (geometrico)*
*cerchia, circolo di persone*
*ambiente*
*distretto, circoscrizione*

einen Kreis zeichnen = *disegnare un cerchio*
sich im Kreis hinsetzen = *sedersi in circolo, in cerchio*
in meinem Freundeskreis = *nella mia cerchia di amici*
Teufelskreis = *circolo vizioso*
Polarkreis = *circolo polare*
in politischen Kreisen = *negli ambienti politici*
Kulturkreis = *ambiente / sfera culturale*
sich im Kreise drehen = *girare a vuoto*
in engerem Kreis = *con pochi intimi / in una cerchia ristretta di persone*
Kreis Ebersberg = *distretto di Ebersberg*
Wahlkreis = *circoscrizione elettorale*
*dare un colpo al cerchio e uno alla botte* = es sich mit keiner Partei verderben wollen
*avere un cerchio alla testa* = Migräne haben

## Traduzione italiana

"Più critico l'atteggiamento dei giovani berlinesi nei confronti degli stranieri"[1]

Prima inchiesta fra i giovani dell'incaricata del Senato di Berlino per gli stranieri[2]

Berlino (kög). Rispetto a pochi anni fa[3] i giovani berlinesi hanno un atteggiamento più critico nei confronti degli stranieri. È diminuita, per esempio, la disponibilità a tutelare i giovani stranieri dagli svantaggi sul mercato degli affitti e del lavoro.[4] Inoltre, in confronto ad un'inchiesta del 1992, è aumentato il numero dei giovani berlinesi che si dichiarano a favore dell'introduzione di pene più severe per stranieri che commettano dei reati.[5] Comunque, più del 40 per cento dei giovani intervistati[6] si dichiara favorevole alla doppia cittadinanza, mentre i due terzi della popolazione complessiva sono contrari. Ecco i risultati della prima inchiesta tra i giovani sul tema dell'integrazione[7] degli stranieri resi ora pubblici[8] da Barbara John, responsabile del Senato di Berlino per gli stranieri.

Su suo incarico la società "In-Trend", società per indagini sul mercato, sui media e sulla società, aveva intervistato telefonicamente 609 giovani di età compresa tra i sedici e i venticinque anni – "la prima generazione per la quale la convivenza con persone di altre culture è un'esperienza quotidiana", così ha detto Barbara John. Quattro intervistati su cinque hanno raccontato[9] di avere degli stranieri nella cerchia degli amici, dei conoscenti, dei colleghi.

Nei confronti degli stranieri esiste una "simpatia di fondo"[10]. Tuttavia sono proprio i più giovani ad aver abbandonato[11] dei generici ideali multietnici ed essere arrivati alla convinzione che "l'integrazione non avviene automaticamente."[12] Tuttavia l'indagine della John non conferma il massiccio spostamento a destra dei giovani berlinesi che era stato rilevato in un'inchiesta fatta nel '98 per la Freie Universität di Berlino da Hans Merkens, studioso dei problemi dei giovani.[13] In ogni caso, nella parte occidentale della città, si registra una mentalità più tollerante che nella parte orientale, dove ai tempi della ex-RDT veniva impartita "un'educazione che mirava all'intolleranza" e all'esclusione di tutti quelli che la pensavano diversamente. Questo atteggiamento è stato trasmesso alle giovani generazioni dai genitori, che non erano abituati a convivere con gente di altre culture e a "considerare la diversità come un valore in sé".

Pertanto il 65 per cento dei berlinesi dell'Ovest e solo il 43,3 dei berlinesi dell'est si sono dichiarati a favore del doppio passaporto. Il 62,5 per cento all'ovest e il 54,5 all'Est, in totale il 58,5 per cento, appoggiano la costruzione di una moschea per gli oltre 200.000 mussulmani che vivono a Berlino. Quattro anni fa era ancora il 74,5 per cento e sette anni fa ben il 79,3 per cento.

---

[1] *I giovani berlinesi sono ora più critici verso gli stranieri.* Anche in italiano, come in tedesco, nei titoli degli articoli di giornale prevale la concisione e, nello stile giornalistico in generale, lo stile nominale. È quindi preferibile la prima soluzione. Una certa libertà nella traduzione dei testi giornalistici non solo è possibile, ma anzi auspicabile. Tra le varie soluzioni possibili è consigliabile scegliere quella che, dopo ripetute

letture, anche prescindendo dall'originale, "suona" meglio e risulta più scorrevole in italiano.

[2] Ecco una tipica difficoltà dei testi giornalistici e cioè i termini tecnici, propri dei linguaggi settoriali. La cosa migliore sarebbe trovare nella stampa italiana articoli su temi analoghi e, per termini come quello qui presente, articoli scritti da corrispondenti esteri. La ricerca in rete si dimostra in questi casi una grande risorsa.

[3] La sfumatura implicita nel "noch" si perde nella traduzione italiana. Il primo termine di paragone ("jetzt") è sottinteso. La particella "als" del secondo termine di paragone si potrebbe tradurre anche con: *hanno un atteggiamento più critico che / che non.*

[4] Una traduzione più libera di questa frase potrebbe essere: *si è meno disposti a garantire le stesse opportunità ai giovani stranieri che cercano casa o un lavoro.* "Bereitschaft" non è qui da tradursi con *disposizione* (che significa piuttosto "Verfügbarkeit"), come è indicato in alcuni vocabolari, bensì con *disponibilità.* "Schützen", qui da intendersi in senso giuridico, è appunto *tutelare* piuttosto che *proteggere.*

[5] *Criminale*, in funzione di aggettivo, non si riferisce a persone, bensì ad azioni. Questo vale anche per i sinonimi indicati nel dizionario: *delittuoso, criminoso.* Il sostantivo *criminale* ha una connotazione molto forte. Un'alternativa potrebbe essere *delinquente*, ma qui, in combinazione con il sostantivo *stranieri*, non funziona. È meglio quindi tradurre più liberamente con una frase relativa.

[6] Se traduciamo "befragen" con *domandare*, *chiedere* o *fare un'inchiesta* ricordiamo che non si può usare la forma passiva quando il soggetto è una persona. Con questi verbi la costruzione dovrebbe essere: *i giovani a cui è stata domandata / richiesta un'opinione. I giovani oggetto dell'inchiesta.* Il

participio *interrogati*, pur corretto grammaticalmente, non è giusto in questo contesto (*essere interrogati dalla polizia* o *a scuola*).

[7] La precisazione del composto tedesco "integrationspolitisch" è meglio tralasciarla in italiano perché appesantirebbe la frase, già di per sé molto ricca di specificazioni, inoltre ci sembra superflua.

[8] "Der Öffenttlichkeit vorstellen" non può essere tradotto con *presentare al pubblico* (usato quando si presuppone un pubblico concreto, raccolto, per esempio, in una sala) né tanto meno *all'opinione pubblica.*

[9] "Gaben an": deve essere qui naturalmente tradotto con il passato prossimo e non con il passato remoto. (Vedi gli esercizi sull'uso dei tempi del passato nei testi giornalistici a pag. 144-147).

[10] "Grundsätzlich" non si può tradurre con aggettivi come *fondamentale, sostanziale,* che hanno piuttosto il significato di "wesentlich"; è meglio ricorrere ad una locuzione come *di fondo, di principio, di massima.*

[11] La traduzione proposta dai dizionari, *prendere congedo*, si può usare solo quando ci si congeda da una persona.

[12] *E hanno riconosciuto che l'integrazione non viene da sola.*

[13] Anche questa frase è un esempio della tendenza della lingua tedesca ad accumulare specificazioni. In italiano è meglio dividere il periodo e non ricalcare troppo le strutture nominali presenti nell'originale.

## 17. Jurek Becker: „Romeo“

Die meisten Schwierigkeiten macht mir die Sprache. Deutsch ist wie der Wald des Feindes, wenn du der einen Falle glücklich ausgewichen bist, liegst du schon in der nächsten. Wenn die verfluchte Sprache nicht wäre, dann wäre auch die Verachtung nicht. Ich sehe aus wie einer, der von überall her sein könnte, und nach jedem Essen mit Knoblauch reinige ich mir minutenlang den Mund. Ich würde manchem von ihnen die Zähne einschlagen, wenn ich einen anderen Weg wüßte, das Geld zu verdienen. In fünf Jahren werde ich genug haben, wenn nicht vorher ein Unglück geschieht. Der Mann am Bankschalter behandelt mich, als hätte ich ihm das Geld gestohlen, das ich einzahle. Dreimal tippt er mit dem Finger auf die Stelle, wo ich zu unterschreiben habe, und sieht mich ungeduldig dabei an. Hoffentlich ist es in fünf Jahren noch derselbe Mann, wenn ich alles abhebe. Ich werde die große Summe in die Tasche stecken und ihm dann sagen, er soll mich nicht so ansehen, als ob es sein Geld wäre. Er wird verächtlich mit den Schultern zucken und mir mit seinem Blick sagen, daß ich ein Dreck bin. Ich werde dann sagen, daß er seine häßlichen Augen von mir nehmen soll. Ich werde vielleicht sagen, daß er so seine Frau ansehen kann, wenn sie es sich gefallen läßt, aber nicht mich. Darauf wird er fragen, ob ich verrückt geworden bin. Irgendwie wird er mich beleidigen, meine Zeugen werden es hören, und dann kann er was erleben.

Esercizi di approfondimento

**1.** Nel discorso indiretto una perifrasi con il verbo **"sollen"** (se si tratta di un comando) o **"mögen"** (se si tratta di una preghiera) sostituisce l'imperativo e si rende in italiano con *di* + infinito o *che* + congiuntivo. (Es.: Er hat uns gesagt, wir sollen ihn morgen anrufen. = *Ci ha detto di telefonargli domani.*) Traducete le seguenti frasi:

a. Ich werde ihm sagen, er soll mich nicht so ansehen. (r.14)

........................................................................................................................

b. Ich werde dann sagen, dass er seine hässlichen Augen von mir nehmen soll. (r.17)

........................................................................................................................

c. Der Offizier befahl dem Soldaten, er solle dem General die Botschaft bringen.

........................................................................................................................

........................................................................................................................

d. Das Mädchen bat die Freundin, sie möge so gut sein und ihr ein Glas Wasser bringen.

........................................................................................................................

........................................................................................................................

e. Der Junge bat seinen Freund, er möge ihm seine Briefmarken zeigen.

........................................................................................................................

**2. Altri usi del verbo "sollen".** Traducete le seguenti frasi, in cui il verbo "sollen" si rende con le espressioni impersonali *si dice*, *corre voce* o con un condizionale che indica opinione riportata:

a. Das Fest soll sehr schön gewesen sein.

.....................................................................................................................

b. Das Restaurant soll gut sein.

.....................................................................................................................

c. Der Benzinpreis soll erhöht werden.

.....................................................................................................................

Traducete le seguenti frasi in cui il verbo "sollen" può servire da ausiliare per formare il futuro invece di "werden".

d. Du sollst es nicht bereuen.

.....................................................................................................................

e. Er soll mal alles erben.

.....................................................................................................................

f. Der König sagte zu der Tochter: „Dein Wunsch soll erfüllt werden".

.....................................................................................................................

**3. Periodo ipotetico e congiuntivo irreale**. Traducete le seguenti frasi, facendo attenzione che l'avverbio "dann" in italiano si omette.

a. Wenn die verfluchte Sprache nicht wäre, dann wäre auch die Verachtung nicht. (r.3)

.............................................................................................................

b. Sie redet, als ob sie die Materie gut kennt.

.............................................................................................................

c. Wenn wir Zeit hätten, würden wir gerne in dieser Stadt bleiben.

.............................................................................................................

d. Wenn Marta endlich käme, dann könnten wir gleich reingehen.

.............................................................................................................

e. Sie geben so viel Geld aus, als ob sie steinreich wären.

.............................................................................................................

f. Er spricht so, als hätte er immer Recht.

.............................................................................................................

g. Es war so dunkel, als ob es schon Nacht wäre.

.............................................................................................................

h. Er kennt Rom so gut, als hätte er lange dort gelebt.

.............................................................................................................

4. **Diminutivi, accrescitivi e peggiorativi.** In italiano c'è una maggior ricchezza di suffissi produttivi rispetto al tedesco. I più importanti di essi sono **- ino** / **- etto** / **- ello** (diminuivo / vezzeggiativo), **- one** (accrescitivo), **- accio** (peggiorativo).

Traducete in tedesco i seguenti nomi alterati, cercando di mantenere la connotazione affettiva emozionale.

a. *occhiacci* ...................

b. *vocione* ......................

c. *librone* ......................

d. *donnone* .....................

e. *camioncino* ................

f. *ragazzino* ....................

g. *praticello* ..................

h. *cagnaccio* ..................

i. *bacetto* .......................

j. *filmaccio* ...........................

k. *gattaccio* ...........................

l. *leprotto* ..............................

m. *taglietto* ...........................

n. *ragazzaccio* ........................

o. *successone* .........................

p. *domandina* .........................

q. *omino* ................................

r. *omone* ................................

Specchietto lessicale

| | |
|---|---|
| **GLÜCK** | *fortuna* |
| | *felicità, gioia* |
| | *successo* |
| **UNGLÜCK** | *sfortuna* |
| | *disgrazia, disastro* |

viel Glück! = *buona fortuna!*
ein Glück, dass...= *è una fortuna che /per fortuna ....*
Glück im Unglück haben = *avere fortuna nella sfortuna*
irdisches Glück = *felicità terrena*
Nichts trübte mein Glück. = *Nulla turbava la mia gioia.*
Glück bei jemandem haben = *avere successo con qualcuno*
*fortunato al gioco sfortunato in amore* = Glück im Spiel, Pech in der Liebe
Es ist ein schreckliches Unglück passiert. = *È successa una terribile disgrazia.*
Flugzeugunglück = *disastro aereo*

## Traduzione italiana

Le difficoltà maggiori me le procura la lingua. Il tedesco è come il bosco del nemico: sei appena riuscito a evitare una trappola,[1] che cadi già nella successiva. Se non ci fosse questa maledetta lingua, non ci sarebbe neppure il disprezzo. Sembro uno che potrebbe provenire da qualsiasi luogo[2] e ogni volta che mangio aglio[3], mi lavo i denti per minuti interi. Ad alcuni di loro spaccherei tutti i denti, se solo conoscessi un altro modo per guadagnare dei soldi[4]. Fra cinque anni ne avrò abbastanza[5] se prima non capita una disgrazia. In banca l'impiegato[6] mi tratta come se gli avessi rubato i soldi che verso. Picchia tre volte con il dito sul punto dove devo firmare e mi guarda con impazienza[7]. Spero che[8] fra cinque anni, quando preleverò tutta la somma[9], ci sia lo stesso uomo. Mi infilerò in tasca la grossa somma e gli dirò di non guardarmi come se i soldi fossero suoi. Lui alzerà le spalle[10] con disprezzo e mi dirà con lo sguardo che non sono niente. Allora gli dirò di togliermi di dosso i suoi occhiacci. Forse gli dirò che così può guardare sua moglie se lei glielo permette, ma non me. Allora[11] lui mi domanderà se sono diventato matto. Mi offenderà in qualche modo[12], i miei testimoni sentiranno [13] e poi ne vedrà delle belle[14]!

---

[1] Tradurre la secondaria introdotta da “wenn” con una temporale (*quando...*) o con una ipotetica (*se...*) non porta a risultati stilisticamente accettabili.

[2] *Ho l'aspetto di uno che potrebbe provenire da qualsiasi paese / a giudicare dall'aspetto non si potrebbe dire con sicurezza da che paese vengo.*

[3] *Dopo ogni pietanza a base di aglio.*

[4] *Se solo sapessi come guadagnarmi da vivere in altro modo.*

[5] Anche nella traduzione manteniamo l'ambiguità insita nell'espressione tedesca: *ne avrò abbastanza*, dove il *ne* può essere partitivo riferito a soldi oppure in senso idiomatico, cioè *averne abbastanza (della situazione)*.

[6] *In banca l'uomo allo sportello.*

[7] *Guardandomi con impazienza.*

[8] "Hoffentlich" non lo possiamo tradurre letteralmente con un avverbio, ma dobbiamo ricorrere ad un verbo *(spero, speriamo)*.

[9] *Preleverò tutti i soldi / tutto.*

[10] *Si stringerà nelle spalle / farà spallucce.*

[11] *Al che*, per rendere meglio il ritmo incalzante del "botta e risposta".

[12] "Irgendwie" è spesso in tedesco un riempitivo, bisogna vedere di volta in volta la funzione che assume. In questo caso si potrebbe tradurre in italiano anche con: *non so come ma ...*

[13] Il pronome *lo* sarebbe in italiano ambiguo perché potrebbe essere riferito al soggetto della frase precedente. Potremmo anche tradurre più liberamente con: *avrò dei testimoni.*

[14] In questo caso, come in altri punti di questo testo, ci troviamo di fronte ad un'espressione idiomatica di uso piuttosto comune. Nel vocabolario si trova quasi sempre il corrispondente italiano. Un'alternativa a quella a quella usata da noi potrebbe essere: *gliela farò vedere io.*

## 18. Max Frisch: *Homo Faber*

Wir starteten in La Guardia, New York, mit dreistündiger Verspätung infolge Schneestürmen. Unsere Maschine war, wie üblich auf dieser Strecke, eine Super-Constellation. Ich richtete mich sofort zum Schlafen, es war Nacht. Wir warteten noch weitere vierzig Minuten draußen auf der Piste [...] und was mich nervös machte, so daß ich nicht sogleich schlief, war nicht die Zeitung, die unsere Stewardeß verteilte, *First Pictures Of World's Greatest Air Crash In Nevada*, eine Neuigkeit, die ich schon am Mittag gelesen hatte, sondern einzig und allein diese Vibration in der stehenden Maschine mit laufenden Motoren - dazu der junge Deutsche neben mir, der mir sogleich auffiel, ich weiß nicht wieso, er fiel auf, wenn er den Mantel auszog, wenn er sich setzte und sich die Bügelfalten zog, wenn er überhaupt nichts tat, sondern auf den Start wartete wie wir alle und einfach im Sessel saß, ein Blonder mit rosiger Haut, der sich sofort vorstellte, noch bevor man die Gürtel geschnallt hatte. [...]

Ich war todmüde.

Ivy hatte drei Stunden lang, während wir auf die verspätete Maschine warteten, auf mich eingeschwatzt, obschon sie wußte, daß ich grundsätzlich nicht heirate.

Ich war froh, allein zu sein.

Endlich ging's los. [...]

Er kam aus Düsseldorf, mein Nachbar, und so jung war er auch wieder nicht, Anfang dreißig, immerhin jünger als ich; er reiste, wie er mich sofort unterrichtete, nach Guatemala, geschäftlich, soviel ich verstand.

Aus Max Frisch: *Homo Faber*, 1957 © by Suhrkamp Verlag, Frankfurt am Main

## Esercizi di approfondimento

1. **Il gerundio semplice** sostituisce diversi tipi di frase secondaria esplicita (causale, temporale, concessiva, condizionale, modale, strumentale). Con valore modale può sostituire una delle due frasi principali coordinate. Es.: *Se ne andava per la strada canticchiando.* = *Se ne andava per la strada e canticchiava.*

   Non può però essere usato con valore attributivo, quindi non sostituisce mai una frase relativa.

   Quali delle seguenti frasi secondarie esplicite possono essere sostituite da un gerundio? Sostituite, dove è possibile, e traducete poi in tedesco:

a. *Mentre faceva colazione, ascoltava la radio.*

..........................................................................................................

b. *Anche se non diceva niente, dava fastidio lo stesso.*

..........................................................................................................

c. *Se prendi la macchina, ce la farai ad arrivare entro stasera.*

..........................................................................................................

d. *Dov'è Alfonso? È in casa che legge il giornale.*

..........................................................................................................

e. *La radio si accende se si preme questo bottone.*

..........................................................................................................

f. *Sulla cartolina si vede un marinaio che suona la fisarmonica e guarda il mare.*

.................................................................................................

g. *La ragazza che indossa il maglione verde sbadiglia in continuazione.*

.................................................................................................

**2**. Traducete le seguenti frasi in italiano, usando dove possibile una costrutto implicito con il gerundio. Ricordate che solo raramente il **"Partizip Präsens"** tedesco può essere reso con il **gerundio** e in questo caso principale e secondaria devono avere lo **stesso soggetto** (es.: *Tremando per la paura, mi ha raccontato quello che gli era successo.* = Zitternd vor Angst erzählte er mir, was ihm widerfahren war). Nella maggior parte dei casi esso è usato **in senso attributivo** e corrisponde in italiano ad una **frase relativa** o, molto raramente, a un participio presente, essendo quest'ultimo in italiano una forma lessicalizzata (es. *insegnante*, letteralmente *colui che insegna*).

a. Auch wenn ihr rennt, kommt ihr nicht mehr rechtzeitig an.

.................................................................................................

b. Er fiel auf, wenn er den Mantel auszog, wenn er sich setzte und sich die Bügelfalten zog. (r.11)

.................................................................................................

.................................................................................................

c. Wenn ich daran denke, sehe ich mich selbst in die Hände klatschend und "Viva Verdi" rufend.

.............................................................................................

.............................................................................................

d. Sie verließen das Büro und sahen Mario schon wartend auf einem Boot stehen.

.............................................................................................

e. Obwohl ich nicht rauchen wollte, nahm ich die Zigarette an, die er mir angeboten hatte.

.............................................................................................

.............................................................................................

f. Am Brenner sah man viele Deutsche, die den Pass mit dem Fahrrad überquerten.

.............................................................................................

.............................................................................................

g. Er schrie vor Schmerz und hielt sich dabei die Hand an den Kopf.

.............................................................................................

h. Weinend rannte er zur Mutter und ließ sich trösten.

.............................................................................................

**3.** Gli avverbi **“schließlich”** e **“endlich”** si traducono con *infine*, *alla fine*, *finalmente, una buona volta.* Attenzione: mentre gli avverbi *infine*, *alla fine*, esprimono la collocazione temporale di un evento, *finalmente* sta a significare la soddisfazione del parlante per qualcosa che avviene, *una buona volta* invece implica una sfumatura di impazienza. “**Schließlich**” vuol dire anche *in fondo*, *dopo tutto*.

In certi casi “schließlich etwas tun” può anche essere reso in italiano con la costruzione *finire col / per* + infinito, che indica il compiersi di un'azione a lungo rimandata, ma in fondo prevedibile. Es.: *Hanno finito col lasciarsi.* = Sie haben sich schließlich getrennt.

a. Endlich ging's los. (r.21)

..........................................................................................

b. Darf ich Ihnen schließlich für die Honorarüberweisung meine Kontonummer mitteilen.

..........................................................................................

..........................................................................................

c. Endlich habe ich mein Ziel erreicht.

..........................................................................................

d. Nach langem Warten kam sie schließlich/endlich.

..........................................................................................

e. Ich konnte ihn nicht verstehen, denn schließlich war ich kein Deutscher.

..............................................................................................................

f. Geh doch endlich hinaus. (H. M. Enzensberger)

..............................................................................................................

g. Am Anfang wollte sie mir nichts sagen, schließlich erzählte sie mir doch die ganze Geschichte.

..............................................................................................................

**4. "Machen"** + aggettivo si traduce con *rendere*, (es.: Es macht mich unglücklich. = *Mi rende infelice.*); in qualche caso con un'unica forma verbale (es.: Der Regen macht mich depressiv. = *La pioggia mi deprime / mi butta giù.*)

**"Werden"** + aggettivo si rende spesso con un'unica forma verbale formata anteponendo al tema dell'aggettivo un prefisso (es.: müde werden = *stancarsi*; rot werden = *arrossire*); da notare che la forma verbale può essere riflessiva o intransitiva. Si può usare anche in italiano *diventare* + aggettivo, fatta eccezione per i seguenti: *malato, sano, ubriaco, stanco.*

a. Sein Verhalten machte mich nervös.

..............................................................................................................

b. Das macht die Sache nicht einfacher.

..............................................................................................................

c. Das würde ihn tiefst unglücklich machen.

..........................................................................................

d. Ich glaube ich werde wahnsinnig!

..........................................................................................

e. Ich habe den Eindruck, dass er dicker geworden ist.

..........................................................................................

f. Man wird blöd, wenn man zu viel fernsieht.

..........................................................................................

g. Ich wurde betrunken, weil ich zu viel Kentucky Whisky getrunken hatte.

..........................................................................................

h. Durch das lange Warten in der Kälte sind sie krank geworden.

..........................................................................................

**5. La particella di sfumatura "überhaupt"** esprime meraviglia e si traduce con *ma, veramente, poi.* Come avverbio è in primo luogo rafforzativo della negazione e si rende con *affatto, assolutamente*; può anche equivalere a *del resto, comunque, inoltre, insomma, in generale.*

a. Wie ist es überhaupt passiert?

..........................................................................................

b. Wie konntest du überhaupt das sagen?

..........................................................................................

c. Wenn es überhaupt möglich ist.

..........................................................................................................

d. Er fiel auf, wenn er überhaupt nichts tat. (r.12)

..........................................................................................................

e. Das ist überhaupt nicht wahr!

..........................................................................................................

f. Ich liebe die Filme von Amelio, und überhaupt das neue italienische Kino.

..........................................................................................................

Specchietto lessicale

**AUFFALLEN** *dare nell'occhio, farsi notare, attirare l'attenzione*
**AUFFALLEND / AUFFÄLLIG** *vistoso, appariscente*

Der junge Deutsche fiel auf. = *Il giovane tedesco dava nell'occhio / si faceva notare / attirava l'attenzione.*
Ist dir aufgefallen, dass ...? = *Ti sei accorta / hai notato che...?*
Es fällt gar nicht auf, dass du deine Haare gefärbt hast. = *Non si nota che ti sei tinta i capelli.*
Marilena fällt gar nicht auf. = *Marilena passa del tutto inosservata.*
eine auffallende Schönheit = *una bellezza vistosa*
*un errore vistoso* = ein grober Fehler
*colori vistosi* = knallige Farben
Sein Verhalten ist auffällig. = *Ha un comportamento strano.*

Traduzione italiana di Aloisio Rendi, *Homo Faber*, 1959 © by Feltrinelli, Milano

Partimmo dal La Guardia, New York, con tre ore di ritardo[1], a causa di tempeste di neve. Il nostro apparecchio era[2] un Super-Costellation, come sempre su questa linea. Mi sistemai subito per dormire, era notte. Aspettammo altri quaranta minuti sulla pista, […] ma a rendermi nervoso e ad impedirmi di addormentarmi subito non fu il giornale che distribuiva la hostess, la notizia FIRST PICTURES OF WORLD'S GREATEST CRASH IN NEVADA l'avevo già letta a mezzogiorno,[3] ma semplicemente la vibrazione dell'apparecchio fermo coi motori accesi[4] – e poi il giovane tedesco accanto a me, che mi diede subito nell'occhio[5], non so perché dava nell'occhio[6] togliendosi il soprabito, sedendosi e tirando su la piega dei pantaloni al ginocchio e anche non facendo niente, semplicemente aspettando come tutti noi la partenza,[7] seduto al suo posto, un biondo di pelle rosea[8], che subito si presentò, prima ancora che s'allacciassero le cinture[9].

[…] Ero stanco morto.

Ivy m'aveva imbottito la testa[10] per tre ore, mentre aspettavamo l'apparecchio in ritardo, sebbene sapesse che per principio[11] non mi sposo.

Ero contento di essere solo.

Finalmente si partiva[12] – […]

Veniva da Düsseldorf, il mio vicino di posto[13], e non era poi tanto giovane, sui trenta, in ogni modo[14] più giovane di me; andava, m'informò subito[15], nel Guatemala, per affari, a quanto capii.

[1] *Con un ritardo di tre ore*

[2] Si può anche mantenere la costruzione tedesca e anticipare l'inciso - *Il nostro apparecchio, come sempre su questa linea, era un Super-Costellation* -, però il verbo *era* va unito al predicato.

[3] Qui giustamente il traduttore fa ricorso a parecchie costruzioni infinitive e a una incidentale per alleggerire un po' la lunga frase di Frisch ricca di subordinate relative. Se traducessimo letteralmente avremmo: *ciò che mi rese / rendeva nervoso, cosicché non mi addormentai subito, non fu / era il giornale che la nostra hostess distribuiva ( = stava distribuendo ) / distribuì ( = aveva distribuito), (...) una notizia che avevo già letto ....* I primi due verbi devono essere o tutti e due al passato remoto o tutti e due all'imperfetto.

[4] *A motori accesi.* Se usiamo la preposizione *con* dobbiamo mettere l'articolo.

[5] *Che notai subito / che mi colpì.* L'espressione *dare nell'occhio* è più usata senza l'oggetto indiretto.

[6] L'originale tedesco ha una sfumatura leggermente diversa, in quanto la frase "er fiel auf" è una principale non dipendente dal precedente "ich weiß nicht wieso". Più fedelmente quindi potremmo tradurre: *non so perché, ma dava nell'occhio.* Attenzione ai tempi usati per tradurre i due "Präterita" tedeschi ("auffiel"): il primo è chiaramente un perfettivo come segnala l'avverbio "sogleich", il secondo è invece un imperfetto descrittivo.

[7] Dal punto di vista dell'uso dei tempi del passato questa parte del periodo è molto difficile da tradurre; il "wenn" può essere inteso a volte come "als" a volte come "während" a seconda che sia seguito da un verbo puntuale o durativo. Astutamente il traduttore ricorre in tutti i casi al gerundio.

Se volessimo tradurre più letteralmente è consigliabile usare *mentre* e coniugare i verbi all'imperfetto, mettendo l'accento sull'aspetto descrittivo del passo.

[8] *Con la carnagione rosea.* Come attributo di *pelle* e *carnagione* l'aggettivo è *roseo* e non *rosa.*

[9] *Che ci allacciassimo le cinture di sicurezza.*

[10] *Mi aveva riempito la testa di chiacchiere / aveva cercato di convincermi.*

[11] "Grundsätzlich" non è qui da tradurre con *fondamentalmente* (= im Grunde) ma con *per principio*, nel senso di "prinzipiell, aus Überzeugung".

[12] *Finalmente partimmo / l'aereo partì.* Con la forma impersonale sarebbe strano il passato remoto, infatti il traduttore usa un imperfetto narrativo, artificio frequente nella letteratura per dare un effetto di immediatezza alla narrazione.

[13] Alla parola *vicino* è meglio qui aggiungere la specificazione *di posto*, come fa il traduttore.

[14] Traducendo "immerhin" con *comunque / pur sempre* si renderebbe meglio la sfumatura soggettiva implicita nell'avverbio.

[15] *Come mi disse subito.* Con il verbo *informare* il *come* si omette.

## 19. Elias Canetti: *Die gerettete Zunge*

Einige Monate nachdem ich in die Schule gekommen war, geschah etwas Feierliches und Aufregendes, das mein ganzes weiteres Leben bestimmte. Der Vater brachte ein Buch für mich nach Hause. Er nahm mich allein in ein hinteres Zimmer, in dem wir Kinder schliefen, und erklärte es mir. Es war *The Arabian Nights*, *Tausendundeine Nacht* in einer Ausgabe für Kinder. Auf dem Einband war ein buntes Bild, ich glaube von Aladin mit der Wunderlampe. Er sprach sehr aufmunternd und ernst zu mir und sagte, wie schön es wäre zu lesen. Er las mir eine Geschichte vor: so schön wie diese seien auch alle anderen Geschichten im Buch. Ich solle nun versuchen, sie zu lesen, und ihm am Abend immer erzählen, was ich gelesen hätte. Wenn ich das Buch fertig hätte, werde er mir ein anderes bringen. Ich ließ mir das nicht zweimal sagen, und obwohl ich in der Schule eben erst lesen gelernt hatte, machte ich mich über das wunderbare Buch gleich her und hatte ihm jeden Abend etwas zu berichten. Er hielt sein Versprechen, immer war ein neues Buch da, keinen einzigen Tag musste ich mit meiner Lektüre aussetzen.

Esercizi di approfondimento

1. **Proposizioni implicite.** Nell'italiano scritto si ricorre spesso a forme implicite (si usano cioè i modi infiniti - infinito, gerundio e participio - in frasi secondarie di significato temporale, modale, causale, condizionale o concessivo). Traducete in tedesco:

a. *Accompagnato il figlio nell'altra stanza, gli spiegò cosa intendeva fare.*

.........................................................................................................

b. *Pur avendo appena imparato a leggere, mi appassionai subito alla lettura.*

.........................................................................................................

c. *A guardar bene, comportandosi così, il padre favorì la vocazione del figlio.*

.........................................................................................................

d. *Appena entrata in classe, si accorse che i posti erano già tutti occupati.*

.........................................................................................................

e. *Guardandola negli occhi le disse che l'amava.*

.........................................................................................................

f. *Salutati gli amici, si avviò verso casa.*

.........................................................................................................

g. *Salutando gli amici, non pensò a dar loro il suo nuovo numero di telefono.*

.........................................................................................................

h. *Avendo già salutato tutti, non si trattenne oltre alla festa.*

..........................................................................................................

**2. Discorso indiretto.** Attenzione al verbo della principale! Se si tratta di un verbo di dire le dichiarative che seguono, introdotte da *che* sono all'indicativo, a meno che non si tratti di futuro nel passato. Se la principale introduce invece una interrogativa indiretta - con la congiunzione *se* ("ob") o *come* ("wie"), o un pronome interrogativo (*chi, cosa, quale, quanto*) - questa ha, soprattutto nella lingua scritta, preferibilmente il congiuntivo.

a. Er meinte, ich sei doch nicht zu jung, um die Geschichte zu verstehen.

..........................................................................................................

b. Er fügte hinzu, er werde mir alle zwei Wochen ein neues Buch mitbringen.

..........................................................................................................

..........................................................................................................

c. Er sagte, ich solle jeden Tag ein Kapitel aus dem Buch lesen.

..........................................................................................................

d. Er flüsterte mir zu, ich täte besser daran, die ganze Sache zu vergessen.

..........................................................................................................

e. Er rief uns zu, die Einkäufe nicht zu vergessen.

..........................................................................................................

f. Er sagte, wie schön es wäre zu lesen. (r.8)

.......................................................................................................

g. Ich fragte sie, ob ihr das Buch gefallen habe.

....................................................................................................

**3. Periodo ipotetico e futuro nel passato nel discorso indiretto.** Il periodo ipotetico della possibilità nel passaggio dal discorso diretto al discorso indiretto, retto da un verbo al passato, diventa periodo ipotetico della irrealtà (Es.: *Disse: "Se avessi tempo, ti verrei a trovare"; Disse che se avesse avuto tempo mi sarebbe venuto a trovare*).

Attenzione al **"wenn"**: se introduce la protasi del periodo ipotetico, si traduce con *se* + congiuntivo trapassato. (Es.: *Disse che se avesse avuto tempo, ....*)

Se ha un senso temporale può essere tradotto con:

*quando* + condizionale composto, se prevale il senso di futuro nel passato, (Es.: *Disse che quando avrebbe avuto tempo, ...*)

*quando* + congiuntivo trapassato, se prevale la sfumatura di eventualità (Es.: *Disse che quando avesse avuto tempo, ...*)

a. Er sagte, dass er mir ein anderes bringen werde, wenn ich das Buch fertig hätte.

.......................................................................................................

b. Er erklärte mir, wie schön es wäre, wenn ich lesen könnte.

.......................................................................................................

c. Er behauptete, dass er nicht mehr in der Lage sein würde, sich zu konzentrieren, wenn er aufhören würde zu rauchen.

.................................................................................................................

.................................................................................................................

d. Sie bestätigten, dass wir einen Platz bekommen hätten, wenn einer frei geworden wäre.

.................................................................................................................

.................................................................................................................

e. Ich vermutete, dass er mir Vorwürfe machen werde, wenn er zurückkäme.

.................................................................................................................

**4. (Der) Vater / (Die) Mutter.** Queste forme si possono usare in tedesco per indicare i propri genitori; in italiano dobbiamo usare il possessivo o l'appellativo familiare. Es.: *mio padre*, *il papà*, *il babbo*. Se diciamo *il padre / la madre* si intendono i genitori di una terza persona.

a. Der Vater brachte ein Buch für mich nach Hause. (r.3)

.................................................................................................................

b. Wir waren drei Jahre in England, als die Mutter erkrankte. (E. Canetti)

.................................................................................................................

c. Hast du mit Vater schon gesprochen?

..............................................................................................................

d. Mutter rief mich in der Klinik an. Sie sagte, dass es Vater nicht gut gehe. (C. Hein)

..............................................................................................................

**5. La particella di sfumatura "nun"** esprime costernazione (*ma*), esortazione (*su*) e in altri casi è una particella pleonastica e non si traduce. Come avverbio di tempo corrisponde a *adesso, ora*; in senso interrogativo può tradursi con *allora.*

a. Ich solle nun versuchen, sie zu lesen. (r.10)

..............................................................................................................

b. Nun komm schon! ..............................................................................

c. Nun gut: Lass uns darüber reden. .......................................................

d. Das ging nun nicht mehr. ....................................................................

e. Nun, was ist los? ................................................................................

f. Bei der Kälte sollte man nun spazieren gehen?

..............................................................................................................

Specchietto lessicale

**KIND** *bambino, bimbo*
*figlio*
*fanciullo* (Knabe)

ein siebenjähriges Kind = *un bambino di sette anni*
Sie hat ihr erstes Kind mit Zwanzig bekommen. = *Ha avuto il primo figlio a vent'anni.*
ein Kind kriegen = *aspettare un bambino*
Als Kind war sie ganz lieb. = *Da piccola / da bambina era buonissima.*
Einzelkind = *figlio unico*
Adoptivkind = *figlio adottivo*
mit Kind und Kegel = *con armi e bagagli*
ein gebranntes Kind sein = *aver già fatto quell'esperienza, non cascarci più*
das Kind beim rechten Namen nennen = *chiamare le cose col proprio nome, dire pane al pane vino al vino*
Kinder, hört auf! = *Ragazzi, smettetela!*
Es ist kinderleicht. = *È facilissimo, è un gioco da bambini.*

Traduzione italiana di Amina Pandolfi e Renata Colorni, *La lingua salvata*, 1985 © by Adelphi, Milano

Andavo già a scuola da qualche mese[1], quando accadde una cosa solenne ed eccitante che determinò[2] tutta la mia successiva esistenza. Mio padre mi portò un libro[3]. Mi accompagnò[4] da solo nella stanza sul retro[5] dove dormivamo noi bambini e me lo spiegò[6]. Era *The Arabian Nights, Le Mille e una notte* in un'edizione adatta alla mia età[7]. Sulla copertina c'era un'illustrazione a colori, se non sbaglio di Aladino con la lampada meravigliosa[8]. Il papà mi parlò in tono molto serio e incoraggiante[9] e mi disse quanto sarebbe stato bello leggere quel libro[10]. Lui stesso[11] mi lesse ad alta voce una storia: altrettanto belle sarebbero state[12] tutte le altre. Dovevo[13] cercare di leggerle da solo e poi la sera raccontargliele[14]. Quando avessi finito quel libro, me ne avrebbe portato un altro. Non me lo feci ripetere due volte e sebbene a scuola avessi appena finito di imparare[15] a leggere, mi gettai subito su quel libro meraviglioso e ogni sera avevo qualcosa da raccontargli. Lui mantenne la promessa, ogni volta c'era un libro nuovo, così che non ho mai dovuto[16] interrompere, neppure per un solo giorno, le mie letture.

---

[1] *Alcuni mesi dopo che ebbi cominciato / avevo cominciato ad andare a scuola.*

[2] L'indicatore temporale "mein ganzes weiteres Leben" impone l'uso del perfetto, in quanto sottolinea l'aspetto conclusivo. Un'alternativa potrebbe

essere il condizionale composto: *che avrebbe influenzato tutta la mia vita futura*, se si vuole invece evidenziare l'aspetto di futuro nel passato.

[3] L'ordine dei componenti della frase non può rimanere come in tedesco. In italiano l'informazione nuova è alla fine della frase, quindi le due possibilità sono: *mio padre mi portò a casa un libro* o *mio padre portò a casa un libro per me.* La precisazione *a casa* non è necessaria.

[4] "Nehmen" non si può tradurre qui con *prendere*; nel senso di "mitnehmen" come in questo caso, è piuttosto *portare (con sé).*

[5] Possiamo anche tradurre, forse più precisamente, *una stanza in fondo alla casa.*

[6] *Mi spiegò di che cosa si trattava.*

[7] *In un'edizione per l'infanzia / per bambini.*

[8] In italiano si parla piuttosto di *lampada magica.*

[9] È meglio invertire l'ordine dei due aggettivi, come fanno le traduttrici. Dato che esiste soltanto la forma avverbiale con il suffisso *–mente* per l'aggettivo serio (*seriamente* va bene, ma *incoraggiantemente* non esiste), per amore di parallelismo si fanno precedere ambedue gli aggettivi da locuzioni avverbiali quali: *in modo ... / in maniera ... / in tono ....*

[10] Qui le traduttrici travisano il senso della frase, in quanto si parla del piacere della lettura in generale e non di quel libro specifico. La traduzione esatta è: *quanto sarebbe stato bello leggere.*

[11] Stilisticamente in italiano si sente la necessità di trovare un aggancio con la frase precedente. Un semplice: *(lui) lesse una storia* non suona bene. Le traduttrici ricorrono a *lui stesso*; potremmo anche avere una congiunzione del tipo *poi*, *quindi.*

[12] Questo discorso indiretto si potrebbe anche rendere in italiano con l'imperfetto. In questo caso però, dobbiamo aggiungere un "verbo di dire": *altrettanto belle erano anche le altre, disse / giurò / promise* ecc.

[13] Il "nun" si può non tradurre. Possiamo se no ricorrere ad avverbi come *ora* o *ebbene*: *ora dovevo provare io a leggerle.* Non possiamo qui usare *allora* che verrebbe interpretato come un "damals".

[14] Per rendere la traduzione più scorrevole, le traduttrici tralasciano l'ultima parte della frase, letteralmente: *raccontargli quello che avevo / avessi letto* (relativa eventuale)

[15] *Avessi appena imparato a leggere.*

[16] Il "mußte" potrebbe creare dei problemi per quanto riguarda la scelta dei tempi. Le traduttrici scelgono un passato prossimo per sottolineare la continuità della lettura fino al momento dell'enunciato; l'imperfetto è da escludersi perché il senso, come indicato dal complemento di tempo "keinen einzigen Tag", è risultativo. Come alternativa potremmo quindi avere: *non dovetti interrompere la lettura nemmeno per un giorno.*

## 20. Franz Kafka: *Amerika*

Verbittert wurde das Essen für Karl dadurch, daß es sehr fraglich war, wie das Essen gezahlt werden sollte. Das Natürliche wäre gewesen, daß jeder seinen Teil gezahlt hätte, aber Delamarche wie auch Robinson hatten gelegentlich bemerkt, daß für das letzte Nachtlager ihr letztes Geld aufgegangen war. Uhr, Ring und sonst etwas Veräußerbares war an keinem zu sehen. Und Karl konnte ihnen doch nicht vorhalten, daß sie an dem Verkauf seiner Kleider etwas verdient hätten, das wäre doch Beleidigung und Abschied für immer gewesen. Das Erstaunliche aber war, daß weder Delamarche noch Robinson irgendwelche Sorgen wegen der Bezahlung hatten, vielmehr hatten sie gute Laune genug, möglichst oft Anknüpfungen mit der Kellnerin zu versuchen, die stolz und mit schwerem Gang zwischen den Tischen hin und her ging. Ihr Haar hing ihr von den Seiten ein wenig lose in Stirn und Wangen, und sie strich es immer wieder zurück, indem sie mit den Händen darunter hinfuhr. Schließlich, als man vielleicht das erste freundliche Wort von ihr erwartete, trat sie zum Tische, legte beide Hände auf ihn und fragte: „Wer zahlt?“ Nie waren Hände rascher aufgeflogen als jetzt jene von Delamarche und Robinson, die auf Karl zeigten. Karl erschrak darüber nicht, denn er hatte es ja vorausgesehen, und sah nichts Schlimmes darin, daß die Kameraden, von denen er ja auch Vorteile erwartete, einige Kleinigkeiten von ihm bezahlen ließen, wenn es auch anständiger gewesen wäre, diese Sache vor dem entscheidenden Augenblick ausdrücklich zu besprechen.

Aus Franz Kafka: *Amerika,* 1985 © by Fischer Verlag, Frankfurt am Main

Esercizi di approfondimento

1. **L'aggettivo sostantivato** si traduce di solito con *la cosa* + aggettivo. (Es: das Merkwürdige ist ... = *la cosa strana è ...*)
   Dopo *qualcosa / niente* segue la preposizione *di* + aggettivo. (Es.: Hast du nichts Besseres zu tun? = *Non hai niente di meglio da fare?*)

a. Das Erstaunliche war, dass keiner sich um die Rechnung Sorgen machte.

.................................................................................................................

b. Das Beste wäre, du würdest es ihr gleich sagen.

.................................................................................................................

c. Er sah nichts Schlimmes daran.

.................................................................................................................

d. Es gibt nichts Schlimmeres, als geizig zu sein.

.................................................................................................................

e. Man sollte nicht nach dem Äußeren urteilen.

.................................................................................................................

f. Das ist das Dümmste, was du machen konntest.

..........................................................................................................

g. Das Natürliche wäre gewesen, dass jeder seinen Teil gezahlt hätte. (r.2)

..........................................................................................................

**2. Periodo ipotetico.** Nel periodo ipotetico della possibilità e dell'irrealtà troviamo il congiuntivo, imperfetto o trapassato, nella protasi e il condizionale, semplice o composto nell'apodosi. (Es.: *Se Karl fosse meno ingenuo, si sarebbe accorto che gli altri lo imbrogliano.)*

a. Wenn Karl den beiden Vorwürfe gemacht hätte, wären sie sicher beleidigt gewesen.

..........................................................................................................

..........................................................................................................

b. Es wäre besser gewesen, wenn Delamarche und Robinson mit ihm offen gesprochen hätten.

..........................................................................................................

..........................................................................................................

c. Wenn ich an Karls Stelle wäre, würde ich solche Typen nicht dulden.

..........................................................................................................

d. Wäre Karl weniger naiv, wäre ihm das alles nicht passiert.

..........................................................................................................

e. Vielleicht hätten Robinson und Delamarche selber bezahlt, wenn sie genug Geld gehabt hätten.

..........................................................................................................

..........................................................................................................

**3.** Il **"man"** tedesco può corrispondere in italiano sia a forme impersonali da tradurre con *si* + verbo alla terza persona singolare (*si dice*, *si vede*, ecc.) sia a un verbo nella terza persona plurale con soggetto indeterminato (man hat mir gesagt = *mi hanno detto / mi è stato detto*).

a. Man sagt, dass Frau Seiler eine sehr gute Zahnärztin ist.

..........................................................................................................

b. Man hat mir erzählt, ihr seid in Australien gewesen.

..........................................................................................................

c. Man erwartete von ihr das erste freundliche Wort. (r.16)

..........................................................................................................

d. Man hat mir in der U-Bahn das Portemonnaie gestohlen.

..........................................................................................................

e. Man hätte es mir sagen müssen.

..........................................................................................................

**4.** In tedesco si usano frequentemente **i possessivi in combinazione con le parti del corpo o indumenti**, in italiano sono da evitarsi. Si usa piuttosto il riflessivo o un'altra forma pronominale.

Es.: Er hob seinen Arm. = *Sollevò il braccio.*

Er zog seine Jacke aus. = *Si tolse la giacca.*

Er streichelte ihr Haar. = *Le accarezzò i capelli.*

a. Ihr Haar hing ihr von den Seiten ein wenig lose. (r.13)

.....................................................................................................................

b. Er nahm meine Hand und küsste sie. (C. Hein)

.....................................................................................................................

c. Deine Fingernägel müssen geschnitten werden!

.....................................................................................................................

d. Der Hund legte seine Pfoten auf meinen Arm. (P. Weiss)

.....................................................................................................................

e. Hast du deine Zähne geputzt?

.....................................................................................................................

f. Putz deine Schuhe!

.....................................................................................................................

g. Er setzte seine Brille auf.

.....................................................................................................................

**5.** Traducete in tedesco le seguenti espressioni relative alla **gestualità**. Un paio di queste vengono usate anche in senso figurato: scoprite voi quali!

a. *spalancare gli occhi* ..........................................................................

b. *corrugare la fronte* ..........................................................................

c. *alzare le spalle* ..........................................................................

d. *scuotere la testa* ..........................................................................

e. *incrociare le braccia* ..........................................................................

f. *mettersi le mani nei capelli* ..........................................................................

g. *ravviarsi i capelli* ..........................................................................

h. *annuire* ..........................................................................

i. *puntare il dito* ..........................................................................

j. *accavallare le gambe* ..........................................................................

k. *guardare storto* ..........................................................................

l. *tenere il broncio* ..........................................................................

m. *aggrottare le sopracciglia* ..........................................................................

n. *arricciare il naso* ..........................................................................

**GELD** *soldi, denaro*
*quattrini (fam.)*
**Gelder** *fondi*

Ich habe kein Geld. = *Non ho soldi.*
Das kostet viel Geld. = *Costa molto (molti soldi).*
ein Haufen Geld = *un sacco di soldi*
eine große Summe Geld = *una grossa somma (di denaro)*
bares Geld = *contanti, denaro liquido*
Kleingeld = *spiccioli*
öffentliche Gelder = *fondi pubblici*
Schwarzgelder = *fondi neri*
für teueres Geld kaufen = *comprare a caro prezzo*
im Geld schwimmen = *navigare nell'oro*
*far quattrini a palate / far fortuna* = das große Geld machen
*il re di denari (nel gioco delle carte)* = Karokönig, Schellenkönig

Traduzione italiana di Alberto Spaini, *Romanzi,* 1971 © by Mondadori, Milano

Inoltre[1] Karl ebbe il pranzo amareggiato dal fatto che era molto dubbio come avrebbero pagato il conto[2]. La cosa più logica sarebbe stata, naturalmente,[3] se ognuno avesse pagato la propria parte, ma tanto Delamarche quanto Robinson avevano trovato modo di osservare[4] che avevano speso i loro ultimi soldi per pagare l'ultima notte all'osteria[5]. Non pareva che avessero un orologio o un anello o altro che si potesse vendere[6]. E Karl non poteva neanche far loro presente che dovevano pur aver guadagnato abbastanza vendendo il suo vestito[7], si sarebbero offesi e tutto fra loro sarebbe finito[8]. La cosa più straordinaria, però, era che né Delamarche né Robinson si davano il più piccolo pensiero per il conto[9] ma anzi erano tutti allegri e tentavano[10] continuamente[11] di attaccar discorso con la cameriera che andava su e giù superba e con passi pesanti fra i tavolini. I capelli le pendevano un poco sciolti sulla fronte e sulle guance ed essa se li rimandava[12] continuamente indietro, passandovi[13] in mezzo le mani. Alla fine, quando pareva che stesse per pronunciare[14] una parola gentile, appoggiò tutt'e due le mani sul piano della tavola[15] e chiese: "Chi paga?" Mai si erano alzate mani più presto di quelle di Delamarche e di Robinson per indicare Karl[16]. Questi[17] non si spaventò perché se l'era aspettato[18], e d'altra parte non vedeva niente di male[19] che due camerati[20], dai quali egli si attendeva qualche aiuto[21], si facessero pagare qualche cosa da lui[22], per quanto sarebbe stato più onesto stabilire tutto prima dell'ultimo momento[23].

[1] L' *inoltre* del traduttore si riallaccia ad un contesto qui mancante.

[2] *Il pasto di Karl fu amareggiato dal fatto che non si sapeva come si sarebbe potuto pagare / come pagarlo / chi l'avrebbe pagato / chi l'avrebbe dovuto pagare.*

[3] *La cosa più naturale sarebbe stata che.* Il traduttore trova una soluzione felice per questo aggettivo sostantivato.

[4] *Occasionalmente notato.*

[5] Non avendo informazioni su quello che è successo precedentemente, si potrebbe tradurre con *pernottamento.* La parola *giaciglio*, fornita dal dizionario cone traduzione di "Nachtlager", è antiquata e indica il letto stesso.

[6] Non possiamo mantenere l'ordine della frase tedesca. Per rendere il senso del "war an keinem zu sehen" potremmo tradurre: *a prima vista / a quanto pareva non avevano addosso.* Per "etwas Veräußerbares" esistono in italiano le espressioni *alienabile* e *vendibile*, entrambe di uso piuttosto raro.

[7] *E Karl non poteva mica / certo rinfacciargli che avevano guadagnato qualcosa dalla vendita dei suoi vestiti.*

[8] *Sarebbe stata un offesa e avrebbe significato una separazione definitiva.* Il traduttore si distacca dal senso letterale e trova una soluzione stilisticamente elegante.

[9] *Non si preoccupavano minimamente di come avrebbero pagato il conto.*

[10] Se vogliamo mantenere la costruzione consecutiva: *erano sufficientemente allegri da tentare ... .*

[11] Anche: *il più spesso possibile / appena possibile.*

[12] Oppure: *se li tirava.*

[13] Nei testi letterari il *ci* locativo viene sostituito dal più elegante *vi.*

[14] Più letteralmente: *quando ci si sarebbe aspettati da lei la prima parola gentile.*

[15] *Si avvicinò, appoggiò tutte e due la mani sul tavolo.* La traduzione letterale: *si avvicinò al tavolo, vi appoggiò sopra / appoggiò sopra di esso tutte e due le mani,* risulta un po' contorta. Il sostantivo *tavolo*, al maschile, ci sembra più appropriato trattandosi di un locale pubblico.

[16] Si tratta in fondo di una doppia comparazione ed è difficile mantenere in italiano la concisione della sintassi tedesca, infatti il traduttore omette "jetzt". Un'altra soluzione potrebbe essere: *più veloci di quelle di Delamarche e Robinson che ora indicavano Karl.*

[17] Per evitare l'immediata ripetizione del nome proprio il traduttore ricorre al dimostrativo *questi*, tipico della lingua scritta.

[18] Anche: *se l'aspettava* o *l'aveva previsto.*

[19] Meglio forse tradurre: *non vedeva niente di male nel fatto che.*

[20] *Camerata* ha per un lettore italiano quasi esclusivamente una connotazione politica, legata al fascismo. *Compagni* ci sembra più adatto.

[21] *Dai quali d'altronde si attendeva anche dei vantaggi.*

[22] *Gli facessero pagare qualcosina* corrisponde ad un registro più colloquiale, ma adatto ad esprimere la sottile ironia del testo.

[23] *Discutere esplicitamente della cosa / mettere in chiaro la cosa prima del momento decisivo.*

## CHIAVI DEGLI ESERCIZI

Spesso ci sono più soluzioni possibili. In queste chiavi troverete quasi sempre un'unica soluzione, quella più corrente.

### 1. Esercizi sul testo di Hans Magnus Enzensberger

**1.** a. *Che è successo al ragazzo? / Ma che cos'ha il ragazzo?* b. *Se ne sta nella sua stanza.* c. *Non fa che disegnare conigli / lepri.* d. *Non hanno la più pallida idea. / Non hanno la benché minima idea.* e. *Mi confondi* f. *Mi viene / mi fa venire il mal di testa.*

a. *non averne mai abbastanza;* b. *prendersi uno spavento;* c. *avere / aspettare un bambino;* d. *avere il permesso;* e. *riuscire a prendere il treno per un pelo.*

**2.** a. *Sta' zitto/a.* b. *Sia gentile, gli dia il modulo!* c. *Siate puntuali.* d. *Dimmelo!* e. *Se ne vada.* f. *Dagli da mangiare!* g. *Non preoccuparti / Non ti preoccupare.* h. *Si rivolga alla segretaria!* i. *Esci un po' fuori!* j. *Dille che le telefonerò domani.*

**3.** a. *l'* b. *il (/)* c. *l'* d. *(/)* e. *(/) (/) (/) (/)* f. *i gli le* g. *l' il* h. *il* i. *(/)*

**4.** a. *Stanno restaurando la mia vecchia scuola.* b. *Ha spiegato davanti a sé un grande foglio di carta.* c. *Ha un figlio / bambino piccolo.* d. *Si sedette / Si è seduta sulla poltrona vecchia.* e. *Infilò un grosso pennarello nella tasca del pigiama.* f. *Ha il naso grosso / grande.*

g. manche Nachrichten / sichere Nachrichten h. einige Bücher / unterschiedliche Bücher i. noch ein Kleid / ein neues Kleid j. nur eine Frage / eine einfache Frage k. ein einziges Buch / ein einzigartiges Buch l. ein armer Mann / ein armer Mensch / Teufel.

**5.** a. *Prima Robert voleva restare alzato il più a lungo possibile.* b. *Vieni il più presto possibile / (il) prima possibile.* c. *Devi mandarmi la lettera il più velocemente possibile.* d. *L'ho fatto il meglio possibile / nella maniera migliore possibile.*

**6.** a. *Il teatro non gli interessa. / Non si interessa di teatro.* b. *Le arti figurative mi interessano. / Mi interesso di arti figurative.* c. *La politica* *locale le interessa. / Si interessa di politica locale.* d. *Gli spettacoli teatrali ci interessano. / Ci interessiamo di spettacoli teatrali.* e. *Il calcio gli interessa. / Si interessano di calcio.*

2. Esercizi sul testo di Barbara Honigmann

**1.** a. *Sono di Londra.* b. *Vengo dall'Inghilterra / Sono inglese.* c. *Mia madre era originaria della Bulgaria / proveniva dalla Bulgaria.* d. *Vivo a Berlino.* e. *Vivo in Germania.* f. *Parto per Firenze. / Vado a Firenze.* g. *Parto per l'Italia. / Vado in Italia.* h. *Partono per il mare. / Vanno al mare.* i. *Vai in montagna?* j. *Padova non è lontana da Ferrara.* k. *La Campania si trova a sud di Roma.*

**2.** a. *Siccome / Dato che / Poiché / Visto che a Berlino non si sentiva a suo agio ritornò a Sofia.* b. *La figlia non riusciva più a capire sua madre perché questa, negli ultimi anni della sua vita, parlava solo bulgaro.* c. *Siccome la signora Kroll è divorziata vive da sola con il figlio.* d. *Siccome era vissuta / aveva vissuto molti anni a Vienna, Parigi e Londra, non poteva dire semplicemente: "Vengo dalla Bulgaria".*
a. *Non sentendosi a suo agio ...* c. *Essendo divorziata ...* d. *Essendo vissuta ...*

**3.** a. *Mia madre aveva seguito mio padre a Berlino.* b. *Tutti le chiedevano da dove venisse.* c. *Volevo aiutarlo. / Lo volevo aiutare.* d. *Hai telefonato a Doris?* e. *Aspettiamo Johanna.* f. *Mi hanno chiesto se sono / ero / fossi inglese.* g. *Non hai risposto alla mia domanda.* h. *La ringrazio, Signor Mocci.* i. *Indicò i libri sugli scaffali.*

**4.** a. *Mio padre l'aveva conosciuto in Inghilterra.* b. *Ma tutta la storia non voleva sentirla / non la voleva sentire nessuno.* c. *Questa camicia non me la metto.* d. *Le tue chiavi non le troviamo.* e. *Di fratelli ne ha tre / non ne ha.* f. *Le stesse parole me le hai dette due anni fa.* g. *Di panna ne avete già presa troppa.* h. *La Sua lettera purtroppo non l'abbiamo ancora ricevuta.*

**5.** a. *Ma nessuno voleva sentire tutta la storia.* b. *Il bulgaro, però, non l'avevo mai imparato.* c. *Non hai fame? Come no! / Certo! Altro che!* d. *Ma è Markus!* e. *Aveva detto che non sarebbe venuta con noi e poi invece è venuta.* f. *Ma te l'avevo detto!* g. *Eccomi! / Sto venendo!* h. *Compro sempre la pasta De Cecco, infatti è la migliore.*

**6.** a. *(/) il* b. *il* c. *(/) (/)* d. *(/)* e. *la* f. *lo*

3. Esercizi sul testo di Christoph Hein

**1.** a. *Una domenica mattina feci un giro per negozi con Henry.* b. *La domenica mi sveglio sempre per il silenzio che regna nella strada.* c. *In giorni così non ho assolutamente voglia di alzarmi presto.* d. *All'inizio di settembre Anna vorrebbe ancora prendere alcuni giorni di vacanza / di ferie.* e. *La mattina facevo sempre colazione al bar.* f. *Di giorno, a volte, sembrava / aveva un'aria più giovane.* g. *Martedì mi incontrerò con Michele.*

**2.** a. *fino alle* b. *entro / per* c. *entro* d. *fino a* e. *fra* f. *per / entro* g. *fino a* h. *fra.*

**3.** a. *La sera lascio spesso scorrere l'acqua della doccia, il che / cosa che non serve molto.* b. *Tu parli troppo, il che non mi piace.* c. *Ti do tutto quello che ho.* d. *Il mio vicino ascolta sempre la musica a tutto volume / a volume altissimo, il che / cosa che mi dà molto fastidio.* e. *Ciò che mi ha raccontato non corrisponde alla realtà.* f. *È andato via senza salutare, il che / cosa che non mi sembra molto gentile.*

**4.** a. *Quando tornavo a casa era stanca.* b. *Se il tempo è bello andiamo al mare.* c. *Quando si è giovani si hanno molti progetti.* d. *Quando cominciano le vacanze scolastiche le città si svuotano.* e. *Se vuoi, ti aiuto a fare i compiti.*

**5.** Ende November rief mich mein Bruder an und sagte mir, es gehe ihm nicht gut, er wolle kündigen und eine lange Reise machen. Er wisse noch nicht genau, wann er sie machen werde, er habe sich jedenfalls entschieden.
Als ich ihn fragte, ob er wirklich sicher sei und ob er wolle, dass ich ihn an einem der nächsten Tagen besuche, um zusammen darüber zu reden, antwortete er, es sei nicht nötig.

(traduzione italiana) *Alla fine di novembre mio fratello mi telefonò e mi disse che non stava bene, che voleva licenziarsi e partire per un lungo viaggio. Non sapeva ancora quando l'avrebbe fatto, ma aveva deciso.*
*Quando gli chiesi se era veramente sicuro e se voleva che andassi a trovarlo uno dei giorni successivi per parlarne insieme, lui mi rispose che non era necessario.*

**6.** a. *Dice di essere malato. / Dice che è malato.* b. *Ha detto che i suoi genitori non gli danno più soldi.* c. *Disse che suo padre non stava bene.* d. *Il rappresentante sindacale disse che le trattative non erano ancora fallite.* e. *Disse che avrebbe scritto alla moglie.* f. *Wolfgang disse che la moglie di Gerd aveva avuto un incidente.* g. *Pensa che tutti siano impazziti.* h. *Sosteneva di essere un generale.* i. *Si dice che i bambini debbano dormire più degli adulti.*

## 4. Esercizi sul testo di Peter Handke

**1.** a. *Poi mi sedetti al bar.* b. *Ero seduto / Stavo seduto in un'ampia poltrona di pelle.* c. *La conoscevo abbastanza bene.* d. *Ho conosciuto Jan un anno fa.* e. *Sapevi che Marion è già tornata dagli Stati Uniti?* f. *Non lo sapevo.* g. *Quando l'hai saputo?* h. *Quando lo venne a sapere / seppe era troppo tardi.*

**2.** a. *Molto dopo mezzanotte ritornò in albergo e andò al bar.* b. *Stava scrivendo una cartolina quando sua moglie entrò nella stanza.* c. *Quell'estate ordinava spesso un Kentucky Whisky e anche quella sera ne bevve uno.* d. *Quando / Ogni volta che beveva un whisky, diventava triste.* e. *Tutto era tranquillo. / C'era un grande silenzio. Lui era seduto comodamente e sfogliava il giornale. Improvvisamente gli venne in mente che Irene voleva passare a prenderlo.* f. *Aveva una strana sensazione, ma non sapeva perché. Però appena vide sua moglie si sentì subito meglio.*

**3.** a. *Gli disse che stava molto bene in quel periodo.* b. *Le chiese se c'erano / ci fossero messaggi per lui.* c. *Mi domandò che cosa aveva / avesse detto Gino.* d. *Pregai il portiere di prenotarmi un biglietto per Filadelfia.* e. *Le confessai che io al suo posto sarei restato/a lì.* f. *In un bar di Lisbona Pereira chiese a Marta se beveva / bevesse un aperitivo.*

**4.** a. *Tornato al bar / Dopo esser tornato, mi sedetti.* b. *Ogni tanto mi chinavo a bere un piccolo sorso.* c. *Il barista, avvicinatosi, mise un portacenere sul tavolino.* d. *Sdraiatomi / Dopo essermi sdraiato sul letto, aprii "Enrico il verde".*

**5.** a. *biglietto ferroviario* b. *bicchiere da vino* c. *tavolo di marmo* d. *gioco di carte* e. *vestito da sposa* f. *nostalgia* g. *cartolina (illustrata)* h. *costume da bagno* i. *cavolfiore* j. *atrio / hall dell'albergo* k. *autobus dell'aereoporto* l. *guida turistica* m. *sciarpa di seta* n. *capostazione* o. *tavolo della cucina*

p. *cassetta delle lettere / postale* q. *gioco di parole* r. *strumento musicale* s. *fisionomia / espressione del volto* t. *portiere di notte* u. *apriscatole* v. *nécessaire*

**6.** a. *Devo far aggiustare la bicicletta.* b. *Il professore mi ha fatto aspettare a lungo.* c. *Mi feci dare dal portiere il biglietto ferroviario per Filadelfia.* d. *Lascialo dormire!* e. *Non farti influenzare.* f. *Con lei si può parlare!* g. *Hanno divorziato tre anni fa.*

## 5. Esercizi sul testo di Alice Vollenweider

**1.** a. *In Italia si mangia meglio che in altri paesi europei perché la gente ci tiene molto a mangiar bene.* b. *Non si compra la pasta al supermercato, ma nei negozi di pasta fresca. I ravioli e le tagliatelle si fanno spesso in casa.* c. *Nel caso ci si interessi di gastronomia e di letteratura, bisogna / si devono leggere gli scrittori del presente e del passato.* d. *A Santa Maria, vicino a Catanzaro, si è cominciato circa sei anni fa ad allevare le famose lumache calabresi.* e. *A casa mia a Natale si sono sempre mangiati i tortellini.*

**2.** a. *Per dare l'esame bisogna leggere diversi saggi sul tema.* b. *Per fare questo dolce ci vogliono quattro uova.* c. *Quanto tempo ci si mette / ci vuole per andare da Berlino a Bologna?* d. *In aereo / Con l'aereo ci si mettono / ci vogliono tre ore, credo.* e. *C'è voluto molto tempo per mettersi d'accordo.* f. *Non devi arrabbiarti. / Non ti devi arrabbiare.* g. *Per fare questo lavoro ci vuole la patente.* h. *A cosa serve questo strumento?* i. *Non bisogna / Non è necessario pagare.*

**3.** a. *Più velocemente parli, tanto meno ti capisco.* b. *Quanto più intensamente ci si occupa della variegata / multiforme realtà italiana, tanto più ricca e complessa essa si spiega davanti a noi.* c. *Più gentili si è, tanto più facilmente si trovano degli amici.* d. *Più tardi arrivate, tanto meno capirete.* e. *Più il bambino cresce, più assomiglia a sua madre.* f. *Più ne ha, più ne vuole.*

**4.** a. *Durante le vacanze ho fatto tantissime cose.* b. *Non è arrivato al suo cinquantesimo compelanno.* c. *Ho fatto una bellissima esperienza. / Mi è successa una cosa molto bella.* d. *I miei nonni hanno visto due guerre.* e. *Non l'ho mai vista così arrabbiata.* f. *Ne vedrai delle belle.* g. *Per conoscere l'Italia bisogna sperimentare la vita quotidiana in città e in campagna.*

## 6. Esercizi sul testo di Manfred Flügge

**1.** a. *Nostra madre aveva da fare a Parigi.* b. *Il giorno dopo venne anche la zia Ilse con sua figlia.* c. *Facemmo una gita in macchina con nostro padre e il suo fratello minore.* d. *I Torelli sono divorziati e il loro figlio abita con la madre.* e. *Strano! Le tue sorelle sono nate tutte e due in ottobre.* f. *Il mio nonno paterno è morto dieci anni fa.* g. *Suo marito lavora sempre in comune?* h. *Suo figlio non è più grande del nostro, anzi è addirittura più piccolo di sei mesi.*

**3.** a. *Non vedevamo Berlino da un'eternità. / Era un secolo che ...* b. *È un secolo che non suono il piano.* c. *Non fumava da una settimana e si è arrabbiato quando Marie gli ha offerto una sigaretta.* d. *Mi farebbe piacere se Ute, che non vedo da dicembre, si facesse viva.* e. *È un sacco di tempo che non ti scrivo.*

**4.** a. *Immaginavo già allora che l'avrei perduta?* b. *Credevamo che avresti presto lasciato la città.* c. *Facevamo fatica a immaginare come sarebbe stata la casa finita.* d. *Quando lo vidi per la prima volta, capii subito che mi sarei innamorata di lui.*
e. *Ci spiegò come avremmo dovuto / dovessimo / dovevamo fare gli esercizi.* f. *Non hanno detto quando saremmo dovuti / dovevamo venire (qui).* g. *Non sapevo come avreste potuto / poteste trovare una via d'uscita.*

## 7. Esercizi sul testo di Johannes Hösle/Wolfgang Eitel

**2.** a. *L'autore nacque a ... il ...* b. *Crebbe in condizioni modeste.* c. *Già da bambino fece i suoi primi tentativi poetici.* d. *Ventenne / All'età di vent'anni pubblicò / esordì con il suo primo romanzo.* e. *Nel 19.. si trasferì a ...* f. *Da giovane si occupò di Pascoli.* g. *A trent'anni venne assunto come insegnante.* h. *Nel 19.. ricevette il premio Strega.* i. *A metà degli anni settanta ottenne la cattedra di Lingua e Letteratura italiana all'università di Bogotà.* j. *Goffredo Parise morì / si spense nel 1986 dopo lunga malattia.* k. *Nel 19.. venne inaugurato un museo in suo onore.*

**3.** *Nello stesso anno cominciò a studiare Lettere a Bologna. Di grande importanza fu l'incontro con lo storico dell'arte Roberto Longhi, che insegnava allora a Bologna. Dal 1937 al 1942/43 sperimentò di persona l'epoca d'oro dell'ermetismi italiano. Dal 1943 al 1949 visse a Casarsa dove fondò l'"Academiuta di Lengua Furlana" e curò la pubblicazione della* *rivista "Quaderno romanzo". In quel periodo si occupò particolarmente di questioni riguardanti i vari dialetti italiani e collaborò a diversi giornali e riviste. Ventenne pubblicò il suo primo volumetto di poesie, le "Poesie a Casarsa". Alla fine della guerra scrisse "La meglio gioventù" e "L'usignolo della chiesa cattolica".*

**4.** a. *Trasferitosi a Roma, cominciò subito a lavorare come insegnante.* b. *Lasciata Casarsa, si stabilì con la famiglia a Bologna.* c. *Finiti gli studi, fece un lungo viaggio.* d. *Ottenuto il premio Strega, lei rinunciò alla sua carriera di insegnante.*

**5.** a. *Osservava la donna che leggeva / stava leggendo.* b. *Tutti i presenti ascoltavano attentamente i ragazzi che cantavano.* c. *Il tappeto volante esiste solo nelle favole.* d. *Saltò all'ultimo minuto sul treno in corsa.* e. *Ritornai a casa cantando.* f. *Mi venne incontro sorridendo.* g. *Proseguimmo tacendo / in silenzio.*

## 8. Esercizi sul testo di Elias Canetti

**1.** a. *Vengo dal Marocco. / Sono marocchino/a.* b. *I miei amici giravano un film a Marrakech.* c. *Ha abitato in Francia.* d. *Va in Inghilterra. / Parte per l'Inghilterra.* e. *Non era mai uscita dal Marocco.* f. *La regina della Danimarca ha inaugurato ieri il ponte sospeso più lungo d'Europa.* g. *Non so quasi niente sul Marocco.* h. *La Puglia è nell'Italia meridionale.* i. *In passato il Brasile ha vinto più volte i campionati mondiali di calcio.*

**2.** a. *Siccome / Dato che / Poiché suo padre non si interessava di lei, non volle più vederlo.* b. *Le piaceva sentir parlare inglese, perché / dato che / poiché le ricordava suo padre.* c. *Ginette sognava di fare un viaggio in Inghilterra, perché / dato che / poiché non c'era mai stata.* d. *Siccome / dato che / poiché non parlavano mai della madre, pensai che fosse andata via.* e. *Siccome / Dato che / Poiché non aveva più voglia di restare in Marocco, aspettava un cavaliere che la portasse via.*

**3.** a. *Avevo l'impressione che vivesse ancora a Marrackech.* b. *Sono contenta che tutto sia andato bene.* c. *Dubito di riuscire a venire da te oggi.* d. *Che Anna avesse già dato l'esame, lo sapevo.* e. *È importante che vi facciate vivi.* f. *Desiderava che suo padre si occupasse di più di lui.* g. *Che Umberto Eco sia nato ad Alessandria, è noto a molti dei suoi lettori / molti dei suoi lettori lo sanno.*

**4.** a. Er interessierte sich nicht für sie. b. Es erinnerte sie an ihren Vater. c. Sie wartete auf einen Ritter. d. Er kümmerte sich nicht um sie. e. Man war nicht stolz auf sie. f. Er scherte sich um niemanden. g. Ihm war es egal, was die Leute sagten. h. Wir machten uns Sorgen, wie sich die Dinge entwickeln würden. i. Er versuchte so zu tun, als ob nichts wäre, aber wir merkten sofort, was passiert war.

**5.** a. *Mi considerava un inglese.* b. *Lo ritengo un uomo intelligentissimo.* c. *Siccome li vedevo insieme ogni volta, pensavo che fossero una coppietta.* d. *Ma per chi mi prende? e. Le diamo quarant'anni.* f. *Mi prendi per scemo?*

**6.** a. *Vi auguro tante belle cose.* b. *Desidero che arriviate puntuali. / Mi piacerebbe / Vorrei che arrivaste puntuali.* c. *Ti auguriamo di guarire / che tu guarisca presto.* d. *Cosa desideri per il tuo compleanno?* e. *Avrebbe desiderato (avere) una vita più felice.* f. *Vorrei / Desidererei che tu fossi un po' più serio.* g. *Entrambe avrebbero desiderato che fosse così.*

**7.** a. *È stata il mio primo amore.* b. *Lui si è subito innamorato di lei.* c. *Ero molto innamorata di lui.* d. *Si sposarono presto.* e. *Dopo tre anni divorziarono.* f. *Più tardi lui si è risposato.* g. *Lei ha sposato uno straniero.* h. *Le è sempre stato fedele, mai l'avrebbe tradita!* i. *Si lasciarono dopo trent'anni di matrimonio.*

## 9. Esercizi sul testo di Wolfgang Borchert

**2.** a. *Si svegliò improvvisamente / all'improvviso. Erano le due e mezza/o.* b. *Quando / Ogni volta che / Tutte le volte che andava a dormire, apriva sempre la finestra.* c. *Era seduta in poltrona, all'improvviso suonarono e lei andò ad aprire la porta.* d. *Rifletté brevemente su / Pensò brevemente a quello che doveva fare.* e. *Mentre pensava / rifletteva arrivò Carlo.* f. *Sul tavolo c'erano ancora gli avanzi, ma lui non c'era.* g. *Quando Marta aprì la porta della cucina, vide le briciole sul tavolo.* h. *Come sono state / andate le vacanze?*

**3.** a. *Tese l'orecchio in direzione della cucina.* b. *È questo il treno per Parigi?* c. *Devo andare a casa.* d. *Ha chiesto di te.* e. *Max ha chiesto vostre informazioni.* f. *Cercò invano le parole adatte.* g. *Chiesi se c'erano messaggi per me.* h. *Si chinò per raccogliere la matita.* i. *Da quello che si legge, il presidente dovrebbe aver mentito.* j. *Sta bene, almeno a giudicare dalla sua ultima lettera.* k. *Secondo l'Antico Testamento Abramo diventò vecchissimo.* l. *Ma qui c'è odore di benzina.*

**4.** a. *In questa foto il bambino non assomiglia al padre.* b. *Aveva l'aria molto stanca. / Sembrava molto stanca.* c. *Ha un bell'aspetto. / Ha una buona cera. / È un bell'uomo.* d. *Quell'uomo ha cinquant'anni, ma non li dimostra.* e. *Sembra proprio che Anna non venga.* f. *Aveva sempre l'aria di uno che si fosse / si era appena alzato.* g. *Aveva l'aria di un professore.*

**5.** a. *Sulla tovaglia c'erano delle briciole.* b. *Il cadavere giaceva per terra.* c. *Sul divano c'era / era posata la cravatta del morto.* d. *I suoi vestiti erano posati sul letto.* e. *È in piedi accanto al letto.* f. *Accanto al letto c'erano / stavano in piedi i suoi genitori.* g. *La camera si trovava al secondo piano.* h. *Alla fermata dell'autobus c'erano molte persone.*

## 10. Esercizi sul testo di Alfred Andersch

**1.** a. *Nell'Orfeo Simoni doveva suonare uno dei violini.* b. *Simoni si chiese se dopo la pensione / una volta andato in pensione avrebbe dovuto aspettarsi / si sarebbe dovuto aspettare un peggioramento della situazione finanziaria.* c. *Che cosa cerchi qui?* d. *Questo non c'entra con il nostro tema.* e. *Simoni avrebbe dovuto dare lezioni private.* f. *Ho ancora qualcosa da sbrigare e poi sono subito da Lei.*

**2.** a. *Era strano terminare la propria vita come genio incompreso.* b. *Per lui era comunque meglio essere un musicista in pensione piuttosto che un rivoluzionario in pensione.* c. *È senz'altro possibile ottenere il rimborso dei biglietti non utilizzati.* d. *Decidemmo di rinunciare al viaggio.* e. *Preferiamo viaggiare in treno / col treno.* f. *Miriam non ha la benché minima intenzione di sposare Oliver.*

**3.** a. *I musicisti mangiavano abitualmente / di solito alla mensa.* b. *La cosa che odio di più è alzarmi presto la mattina.* c. *La maggior parte degli italiani non cena prima delle otto.* d. *I loro stipendi di solito sono più alti di quelli degli altri impiegati.*

**4.** a. *La mia collega sicuramente non si vuole far mandare in prepensionamento.* b. *Faccio controllare la macchina ogni anno in officina.* c. *Lasciami in pace, per favore!* d. *Ci ha espressamente pregato di lasciar i giornali italiani sul tavolo.* e. *Non mi sono lasciata / fatta intimidire dal poliziotto.* f. *La ragazza di Jim prima si faceva sempre tagliare i capelli cortissimi.* g. *Non me lo faccio ripetere due volte.*

**5.** a. *che* b. *che* c. *di* d. *che* e. *che* f. *di quanto* g. *dell'* h. *che* i. *della* j. *di quello che / di quanto*

## 11. Esercizi sul testo di Peter Handke

**1.** a. *Beatrice non parlava / parlò, come se fosse già tutto sistemato.* b. *Ci guardò / guardava come se fossimo degli estranei.* c. *Agnes parla così bene (l')italiano come se fosse nata in Italia.* d. *Si comportavano come se avessero litigato.* e. *Il mondo stava davanti a lui / ai suoi piedi, come se avesse aspettato solo lui.*

**2.** Wie heute würde Leo kommen und ihn mit der Schwester zu einer Autofahrt einladen ..., gesagt, getan..., und wo sollte man nach der Fahrt Tee trinken?... In Leos Wohnung, natürlich, in Leos Wohnung, Carla würde ohne weiteres mitkommen, durch die Anwesenheit des Bruders beruhigt ..., alle drei würden sie gemeinsam vor jener Tür aussteigen, langsam dic Treppe miteinander hinaufgehen, zuerst das Mädchen, dahinter die beiden Männer ... [...] Und nachdem sie die Wohnung besichtigt und bewundert hätten, da sah er sie alle drei in jenem sanften Licht des Nachmittags in Leos kleinem Salon sitzen, alle drei mit verschiedenen Gedanken.

**3.** a. *Tutto il giorno non aveva avuto un momento libero.* b. *Non è questione di soldi.* c. *Non ho chiuso occhio.* d. *Non hai pensato a me neanche una volta.* e. *Non c'erano più bambini al parco giochi.* f. *Non avere paura.* g. *Per il dépliant non ho dovuto pagare neanche un soldo.* h. *Non ho amici in questa città.*

**4.** a. *Tutti sanno di cosa parlo.* b. *Quel giorno ogni minuto era già programmato, non c'erano movimenti superflui.* c. *Tutti i partecipanti al corso / corsisti hanno dovuto presentare una breve relazione.* d. *Farebbe qualsiasi lavoro. Purtroppo finora non ha trovato alcun impiego.* e. *Chiunque sia già stato ricoverato in ospedale sa che lì ci si alza molto presto.*

**5.** a. *Un'agenda piena. Si è concentrato totalmente sul lavoro.* b. *Me lo può spiegare brevemente? Il concerto era bello, ma purtroppo troppo breve.* c. *La faccenda è seria. Era seriamente interessato a ciò.* d. *Non aveva neanche un momento libero. Non può decidere liberamente.* e. *Guida pericolosamente. Arrampicarsi lassù è pericoloso.* f. *Si considerava felice. È felicemente sposato.*

## 12. Esercizi sul testo di Friedrich Dürrenmatt

**1.** a. *Dopo che ebbe / aveva telefonato ancora una volta a Bienne, Bärlach andò dalla famiglia Schönler.* b. *Siccome negli ultimi mesi aveva speso molto, si dovette far prestare dei soldi dal padre.* c. *Dopo che / Appena fu tornata mi raccontò come era andata.* d. *Leggeva / Lesse / Ha letto un libro che gli aveva prestato un amico.* e. *Dopo che ebbero / avevano parlato con il direttore, chiamarono un taxi.*

**2.** a. Noch am gleichen Morgen kehrte er nach Hause zurück. b. Ich mache immer die gleichen Fehler. c. Ich werde dich noch morgen besuchen. d. Sie wohnen in demselben Haus wie Anna. e. Mir ist es gleich. f. Ich kaufe es / ihn / sie trotzdem. g. Es kam der Präsident selbst / persönlich. h. Es ist ein klassischer und zugleich moderner Stil.

**3.** a. *Gli ho telefonato.* b. *Aiuta gli studenti.* c. *Andarono a vedere come stava il malato.* d. *Indicò / ha indicato i libri.* e. *Marco sfogliava il giornale.* f. *Si interessa di arte. / L'arte gli interessa. / Ha interesse per l'arte.* g. *Devo scrivere agli amici.* h. *Ti ricordi la / della ragazza?*

**4** a. *Fu la signora Schönler stessa ad aprire la porta. / Venne ad aprire la signora Schönler in persona.* b. *Era / fu l'unico a capirmi!* c. *L'ultima ad uscire fu l'insegnante.* d. *Fu il mio miglior amico a dirmelo.*

**5.** a. *Max, spaventato, chiese: "Ma è vero?"* b. *Venne / Fu severamente punito.* c. *Mi parlò in tono serio e incoraggiante.* d. *Alzerà le spalle / Si stringerà nelle spalle con disprezzo.* e. *Mi guarda con impazienza.* f. *"Il signor Schmied è sicuramente ai tropici, vero signor Bärlach?" chiese la signora Schönler curiosa.* g. *Non sono mai puntuali agli appuntamenti.* h. *Mi mandò puntualmente i documenti.*

## 13. Esercizi sul testo di Birgit Vanderbeke

**1** a. *Ogni volta che Hanna ripensa al viaggio, si sente male.* b. *Gli succedeva spesso di dimenticare il compleanno di sua madre.* c. *È ancora malato.* d. *Qualsiasi cosa tu dica, ormai non puoi più rimediare al danno fatto.* e. *L'anno scorso a Berlino, dovunque andassimo, si vedevano dei cantieri.* f. *Chiunque visiti la nuova pinacoteca ne è entusiasta.*

**2.** a. *Avrei finito da un pezzo se tu non mi avessi interrotto continuamente / in continuazione.* b. *Il liquido sull'autostrada era stato eliminato ormai da tempo / da un bel pezzo.* c. *Ci ha riflettuto a lungo.* d. *Mario è quello con cui ho resistito di più. Alla fine, però, non potevo restare con lui un giorno di più.* e. *Quando sto per più tempo / per un periodo più lungo con lui, mi vengono degli attacchi di tosse.* f. *Avevo cercato a lungo di convincerlo di ciò, fino a che finalmente ci riuscii.*

**3.** a. *una donna abbastanza vecchia / anziana* b. *un lavoro alquanto impegnativo* c. *un viaggio abbastanza lungo* d. *per un periodo piuttosto lungo* e. *una barca piuttosto veloce* f. *un uomo piuttosto grasso*

**4.** a. *Cominciò bene.* b. *Non mi riesce. / Non ci riesco.* c. *C'è odore / Puzza di bruciato.* d. *Non c'erano più biglietti.* e. *Era un'estate caldissima.* f. *Suonano alla porta.* g. *Sembra che non funzioni, anche se ho provato più volte.* h. *Me lo hanno già comunicato.* i. *Pareva che potessimo portarcelo via.*

**5.** a. *Si vedeva dallo sguardo di Nadan che si annoiava.* b. *Non si ricordava più di quella notte. / Non ricordava più quella notte.* c. *La storia si è rivelata falsa. / Si è scoperto che la storia era falsa.* d. *Adoro la cioccolata, purtroppo però mi fa venire i brufoli.* e. *Preferisco viaggiare in treno perché soffro di mal d'auto / la macchina mi fa venire la nausea.* f. *L'abbiamo aspettato anche troppo.*

**6.** a. *Thomas è tanto / così sportivo quanto / come suo fratello.* b. *Il mal di testa è altrettanto brutto del mal di pancia / quanto il mal di pancia.* c. *Perdere il treno non è poi così terribile come (lo sarebbe) rinunciare del tutto al viaggio.* d. *Questa pastiglia è (così / tanto) buona come / quanto l'altra.* e. *Sarei potuta benissimo restare a casa.* f. *Non occorre che assaggi l'altro vino. È altrettanto cattivo.*

## 14. Esercizi sull'articolo „Steckbrief"

**2.** a. *Il giovane si dedicò sempre ai classici temi della storia dell'arte.* b. *Il tema del cavallo con cavaliere lo continuò a variare fino alla morte.* c. *La sua timidezza iniziale non la perse mai.* d. *Rimase sempre fedele al suo stile.* e. *Benché avesse spesso pensato di smettere di dipingere, lavorò fino alla morte.*

**3.** a. *La persona in questione, nata a Pistoia, non andava bene a scuola.* b. *All'accademia incontrò Rodin, da lui molto ammirato.* c. *Era un lavoratore, fiducioso nella stabilità della vita.* d. *Le figure in bronzo, ammirabili (esposte) in tante piazze in tutto il mondo, le creò nel suo studio.* e. *L'artista, di origini modeste, dovette lavorare per mantenersi agli studi.* f. *I canditati in gara / da prendere in considerazione / i papabili per il posto sono pochissimi.* g. *Devi rivolgerti all'impiegato appena uscito.*

**4.** *L'uomo che cerchiamo è uno scultore italiano. Quando scoprì che l'arte era la sua passione, si dedicò interamente ad essa. Si iscrisse all'Accademia delle Belle Arti e cominciò a disegnare dal vero. Si chiedeva spesso se avrebbe avuto successo: possiamo certo dire che oggi è tra gli artisti più noti del Novecento italiano.*

## 15. Esercizi sull'articolo „Kunstraub von Rom aufgeklärt"

**1.** 1b 2e 3g 4a 5f 6c 7d 8k 9l 10h 11i 12j.

**2.** a. *che, il cui* b. *dei quali* c. *il che* d. *per cui / per il quale, che* e. *da cui / dal quale, che.*

**3.** a. *Otto persone sono state arrestate dalla polizia.* b. *Gli impiegati sono stati legati dai ladri.* c. *Non si sa se i ladri siano stati aiutati da uno degli impiegati del museo.* d. *Da piccola/o venivo sempre accompagnata/o a scuola da mia madre.* e. *L'indagine sarà / verrà condotta dal dottor Salvi.* f. *Mara mi ha chiesto se voglio vendere la macchina.* g. *Le è stato chiesto / Le hanno chiesto di rimandare la partenza.* h. *Temo che non risponderanno / non si risponderà alla mia domanda.* i. *Nel corso ci impartiscono lezioni sulla didattica del francese.*

**4.** *sono stati recuperati / erano stati rubati / fu dipinto / eseguì / si trovava / sono stati / portavano / Si sono introdotti / hanno costretto / è stato ferito / ha dichiarato / si è congratulato.*

**5.** Letzten Montag sind zwei Bilder von der Polizei sichergestellt worden, die vor zwei Monaten aus dem Museum für moderne Kunst in Rom gestohlen worden waren. Es handelt sich um ein Landschaftsbild von Cézanne, das der Künstler kurz vor seinem Tode gemalt hatte / von dem Künstler .... gemalt wurde, und um ein Selbstportrait van Goghs, das der Maler während eines Aufenthaltes in einer psychiatrischen Klinik angefertigt hatte / von dem Maler .... angefertigt wurde. Die Diebe waren sehr geschickt vorgegangen. Um keine Spuren zu hinterlassen, hatten sie die Schuhe ausgezogen.

Zusammen mit anderen Besuchern waren sie in das Museum eingedrungen und hatten dann die Angestellten gezwungen, das Alarmsystem auszuschalten. Keiner der Angestellten wurde verletzt. Der Minister für kulturelle Angelegenheiten erklärte, es habe sich um sehr bedeutende Kunstwerke gehandelt und gratulierte der Polizei zu ihrem Erfolg.

**6.** a. *Chi è Valerio? Il quotidiano "Il Resto del Carlino" l'ha chiesto agli italiani. Una lettrice del Tagesspiegel ha scritto che a Firenze viveva un giovane di nome Valerio.* b. *Recentemente è stata accordata una guardia del corpo al sottosegretario del ministro degli Interni, Carlo Taormina. Taormina è l'avvocato di alcuni mafiosi e ha difeso gli estremisti di destra accusati dell'attentato di Piazza Fontana, contro i quali il Ministero degli Interni si era costituito parte civile.* c. *Giovedì Carlo Azeglio Ciampi è stato eletto Presidente della Repubblica. "Sono onorato" questa è stata la prima reazione di / così ha reagito Ciampi. Soltanto tre volte si è riusciti nell'Italia del dopoguerra ad eleggere un presidente al primo turno. Enrico De Nicola nel 1945 e Francesco Cossiga nel 1985 furono eletti alla prima votazione. Per eleggere il Presidente uscente, Oscar Luigi Scalfaro, ci sono voluti, nel 1992, sedici tentativi. Ciampi ha ottenuto 707 voti su 990.*

**7.** a. *Abita con sua madre, che vive vicino Colonia.* b. *Col brutto tempo preferisco restare a casa.* c. *I dipinti sono stati ritrovati a Roma nel corso di un'azione della polizia.* d. *Nel caso delle due opere di van Gogh si tratta degli unici quadri del maestro in Italia.* e. *Quest'espressione la trovi spesso in Goethe / nelle opere di Goethe.* f. *Non sapevi che lavora in Comune?* g. *Se mia madre beve un caffè la sera non riesce ad addormentarsi. Per me è lo stesso! / Anche a me fa lo stesso effetto!*

## 16. Esercizi sull'articolo „Junge Berliner"

**1.** 1b 2f 3e 4a 5c 6g 7d

**2.** a. *Il 50 per cento dei giovani intervistati ha adesso un atteggiamento più critico verso gli / nei confronti degli stranieri.* b. *Oltre il 43,3 per cento dei berlinesi dell'Est si è dichiarato a favore dell'introduzione della doppia cittadinanza.* c. *Tre terzi dei partecipanti al corso / corsisti erano cittadini tedeschi.* d. *Più di un quarto degli abitanti del Piemonte vive a Torino.* e. *Hanno partecipato all'inchiesta alcune centinaia di giovani berlinesi tra i 16 e i 25 anni di età.* f. *È vero che gli italiani a Berlino sono la terza comunità di stranieri in quanto a numero / tra gli stranieri a Berlino gli italiani, numericamente, occupano il terzo posto?* g. *Cinque intervistati su dieci erano ragazze / di sesso femminile, esattamente la metà.*

**3.** a. *verso gli / nei confronti degli / nei riguardi degli* b. *rispetto agli / a paragone degli / in confronto agli* c. *verso di / nei miei confronti* d. *rispetto a / al contrario di / a differenza di* e. *rispetto all' / in confronto all'* f. *riguarda* g. *tranne / ad eccezione di* h. *al riguardo / a questo proposito / in proposito* i. *rispetto a / in confronto a / diversamente da* j. *al contrario di*

**4.** a. *Ai giovani berlinesi piace la musica hip-hop.* b. *I sociologi sono entusiasti.* c. *Ci sono / dei sussidi per / le famiglie bisognose?* d. *Come si comportano gli italiani nei confronti degli stranieri?* e. *Dei / Alcuni curiosi si radunarono sul luogo dell'incidente.* f. *I bambini pagano la metà? No, bambini ed adulti pagano uguale.* g. *I ritardatari non possono entrare.* h. *Avete dei dépliant sulla Grecia?*

**5.** a. *Credi che Berlino sia la città con il più alto tasso di criminalità della Germania?* b. *I turchi sono la comunità straniera più numerosa di tutta la Germania.* c. *I cittadini dell'Europa orientale si notano meno di tutti.* d. *Qual è per voi la più bella città italiana / d'Italia?* e. *Delle città italiane Roma mi piace più di Milano, ma Firenze mi piace più di tutte / ma quella che mi piace di più è Firenze / quella che più mi piace è Firenze.* f. *La maggior parte degli studenti viene dalla Germania.* g. *Nella maggior parte dei casi / Per lo più i meridionali si abituano / la gente del Sud si abitua lentamente al freddo dei paesi nordici.* h. *Alle comunali la CDU ha ottenuto il secondo posto.*

**6.** a. *I musulmani residenti a Berlino* b. *tra gli ospiti in attesa* c. *i profughi provenienti dal Kossovo / di origine kossovara* d. *l'apparecchio fermo con i motori accesi* e. *Le persone che la pensano diversamente / di opinioni diverse sono indesiderate.*

**7.** a. *"Tutta l'Italia è un unico, gigantesco museo", dice Gianna Marini, codirettrice della rivista d'arte "Il giornale dell'arte". Non ci sono solo chiese e palazzi che vanno tutelati - continua / sostiene - bensì intere località. Persino nei paesini più piccoli si possono trovare importanti tesori artistici che in qualsiasi altra nazione verrebbero salvaguardati. In Italia invece non ci si può occupare di tutto, spiega / dichiara Marini.*
b. *A Roberto Benigni è stato rimproverato di aver, nel suo film "La vita è bella" (1998), minimizzato l'olocausto: far credere al figlio di sei anni che l'applicazione delle leggi razziali non fosse che un gioco di società è un artificio, sostengono alcuni critici.*

c. *Dopo dieci anni per la prima volta in Italia è stato nuovamente vietato un film. Il film "Totò che visse due volte" è blasfemo: così ha motivato il suo divieto la commissione per la censura. Sempre a giudizio della commissione il film è "tutta una bestemmia dalla prima all'ultima scena".*

## 17. Esercizi sul testo di Jurek Becker

**1.** a. *Gli dirò di non guardarmi / che non mi guardi così.* b. *Poi gli dirò di togliermi di dosso i suoi occhiacci.* c. *L'ufficiale ordinò al soldato di portare al generale l'ambasciata.* d. *La ragazza pregò l'amica di essere così gentile da portarle un bicchiere d'acqua.* e. *Il ragazzo pregò l'amico di fargli vedere i francobolli.*

**2.** a. *Si dice / corre voce che la festa sia stata bella.* b. *Si dice che sia / dovrebbe essere un buon ristorante.* c. *Corre voce / si dice che il prezzo della benzina aumenterà.* d. *Non te ne pentirai.* e. *Un giorno erediterà tutto.* f. *Il re disse alla figlia: "Il tuo desiderio verrà esaudito."*

**3.** a. *Se non ci fosse quella maledetta lingua, non ci sarebbe nemmeno il disprezzo.* b. *Parla come se conoscesse bene il tema.* c. *Se avessimo tempo, resteremmo volentieri / ci piacerebbe molto restare in questa città.* d. *Se Marta finalmente arrivasse, potremmo entrare subito.* e. *Spendono così tanti soldi come se fossero ricchi sfondati.* f. *Parla come se avesse sempre ragione.* g. *Era così buio come se fosse ancora notte.* h. *Conosce Roma così bene, come se vi / ci avesse abitato a lungo.*

**4.** a. hässliche Augen b. starke / laute Stimme c. dickes Buch d. Riesenweib e. Kleinlastwagen f. kleiner Junge g. kleine Wiese h. böser Hund i. Küsschen j. schlechter Film k. böse Katze l. Häschen m. kleine Schnittwunde n. böser Junge / Lausejunge o. Riesenerfolg p. kleine Frage q. Männchen / Männlein, soprattutto nel senso di omini, nanetti delle fiabe r. großer Mann.

## 18. Esercizi sul testo di Max Frisch

**1.** a. *Facendo colazione ...* Während / Als er frühstückte / Beim Frühstück b. *Pur non dicendo niente...* Auch wenn er nichts sagte ... c. *Prendendo la macchina ...* Wenn du das Auto nimmst ... d. Non è possibile usare il gerundio. e. *premendo ...* indem man / dadurch, dass man den Knopf drückt. f. Non è possibile usare il gerundio. g. Non è possibile usare il gerundio.

**2.** a. *Anche correndo, non arriverete puntuali.* b. *Il giovanotto dava nell'occhio togliendosi il maglione, sedendosi e stirandosi la piega dei pantaloni.* c. *Ripensandoci, mi vedo ancora battere le mani e gridare "Viva Verdi".* d. *Uscirono dall'ufficio e videro Mario che stava già aspettando in piedi sulla barca.* e. *Pur non volendo fumare, accettai la sigaretta che lui mi aveva offerto.* f. *Al Brennero si vedevano molti tedeschi che attraversavano il passo in bicicletta.* g. *Gridò di dolore tenendosi la mano sulla testa / portandosi la mano alla testa.* h. *Piangendo corse dalla mamma e si fece consolare.*

**3.** a. *Finalmente partimmo / si partì.* b. *Infine mi permetto di comunicarLe il mio numero di conto per il versamento del compenso.* c. *Finalmente ho raggiunto lo scopo.* d. *Dopo una lunga attesa lei alla fine / finalmente arrivò.* e. *Non riuscivo a capirlo, in fondo non ero tedesco!* f. *Va' un po' fuori!* g. *All'inizio non mi voleva dire niente, però alla fine mi raccontò tutta la storia.*

**4.** a. *Il suo comportamento mi innervosiva / rendeva nervosa.* b. *Ciò non facilita le cose / non rende la cosa più facile.* c. *Ciò lo renderebbe profondamente infelice.* d. *Mi sembra di impazzire!* e. *Ho l'impressione che sia ingrassato.* f. *Ci si rincretinisce a guardare troppo la televisione.* g. *Mi sono ubriacato perché ho bevuto troppo Kentucky whisky.* h. *Si sono ammalati per aver aspettato a lungo al freddo.*

**5.** a. *Ma come è potuto succedere?* b. *Ma come hai potuto dire questo?* c. *Se mai è possibile.* d. *Dava nell'occhio, anche quando non faceva assolutamente nulla.* e. *Non è assolutamente vero.* f. *I film di Amelio mi piacciono tantissimo, e in generale / comunque / del resto mi piace tutto il nuovo cinema italiano.*

## 19. Esercizi sul testo di Elias Canetti

**1.** a. Nachdem er seinen Sohn in das andere Zimmer begleitet hatte, erklärte er ihm, was er vorhatte. b. Obwohl ich erst angefangen hatte zu lesen, war ich von dem Lesen sofort begeistert. c. Genau gesehen, begünstigte der Vater die Begabung seines Sohnes, indem er sich so verhielt / mit seinem Verhalten. d. Sobald sie das Klassenzimmer betrat, merkte sie, dass alle Plätze schon besetzt waren. e. Er schaute ihr in die Augen und sagte / und dabei sagte er ihr, dass er sie liebe. f. Nachdem er sich von den Freunden verabschiedet hatte, machte er sich auf den Weg nach Hause. g. Als er sich von den Freunden verabschiedete, vergaß er, ihnen seine neue Telefonnummer zu geben. h. Da er sich schon von allen verabschiedet hatte, blieb er nicht länger bei der Fete.

**2.** a. *Disse che in fondo non ero troppo piccolo per capire la storia.* b. *Aggiunse che mi avrebbe portato ogni 15 giorni un libro nuovo.* c. *Disse che ogni giorno avrei dovuto leggere / Mi disse di leggere un capitolo del libro.* d. *Mi sussurrò che avrei fatto meglio a dimenticare l'intera faccenda.* e. *Ci gridò di non dimenticare di fare la spesa.* f. *Disse come / quanto sarebbe stato bello leggere.* g. *Le chiesi se il libro le fosse piaciuto.*

**3.** a. *Disse che quando / se / qualora avessi finito / quando avrei finito il libro me ne avrebbe portato un altro.* b. *Mi spiegò come sarebbe stato bello se avessi saputo leggere / quando avrei saputo leggere / saper leggere.* c. *Sosteneva che se avesse smesso di fumare non sarebbe più stato in grado di concentrarsi.* d. *Ci confermarono che ci avrebbero dato un posto se se ne fosse liberato uno.* e. *Prevedevo già che mi avrebbe fatto dei rimproveri quando fosse tornato / sarebbe tornato.*

**4.** a. *Mio padre / Il papà mi portò a casa un libro.* b. *Eravamo in Inghilterra da tre anni quando la mamma / mia madre si ammalò.* c. *Hai già parlato con (il) papà?* d. *Mia madre mi chiamò in clinica. Disse che (il) papà / mio padre non stava bene.*

**5.** a. *E ora avrei dovuto cercare di leggerle.* b. *Su, vieni!* c. *Bene, parliamone.* d. *Ora non era più possibile.* e. *Beh, che succede?* f. *E con questo freddo si dovrebbe andare a fare una passeggiata?*

## 20. Esercizi sul testo di Franz Kafka

**1.** a. *La cosa sorprendente era che nessuno si preoccupava per il / del conto.* b. *La cosa migliore sarebbe che tu glielo dicessi subito.* c. *Non ci vedeva niente di male.* d. *Non c'è niente di peggio che essere avari.* e. *Non si dovrebbe giudicare dalle apparenze.* f. *È la cosa più stupida che potevi / tu potessi fare.* g. *La cosa più naturale sarebbe stata che ciascuno pagasse la propria parte.*

**2.** a. *Se Karl avesse rivolto dei rimproveri a quei due, sicuramente si sarebbero offesi.* b. *Sarebbe stato meglio se / che Delamarche e Robinson avessero parlato apertamente con lui.* c. *Se fossi al posto di Karl certi tipi non li sopporterei.* d. *Se Karl fosse meno ingenuo, tutto questo non gli sarebbe successo.* e. *Forse anche Robinson e Delamarche avrebbero pagato, se avessero avuto abbastanza soldi.*

**3.** a. *Mi hanno detto che la signora Seiler è una bravissima dentista.* b. *Mi hanno raccontato che siete stati in Australia.* c. *Ci si aspettava da lei la prima parola gentile.* d. *Mi hanno rubato il portafoglio in metropolitana.* e. *Me l'avrebbero dovuto dire. / Avrebbero dovuto dirmelo.*

**4.** a. *Qualche ciocca di capelli le cadeva ai lati del viso.* b. *Mi prese la mano e me la baciò.* c. *Devi tagliarti le unghie!* d. *Il cane mi appoggiò le zampe sul braccio.* e. *Ti sei lavato i denti?* f. *Pulisciti le scarpe!* g. *Si mise gli occhiali.*

**5.** a. die Augen aufreißen b. die Stirn runzeln c. mit den Schultern zucken d. den Kopf schütteln e. die Arme kreuzen, streiken f. die Hände über dem Kopf zusammenschlagen g. mit der Hand durch die Haare fahren h. nicken i. mit dem Fingen auf jemanden zeigen, jemanden beschuldigen j. die Beine übereinander schlagen k. jemanden schief ansehen l. schmollen m. die Augenbrauen zusammenziehen n. die Nase rümpfen, missbilligen.

## INDICE DEGLI ARGOMENTI

**Lessico, fraseologia e stile**



**Specchietti lessicali**